나무의 시

———

간

내촌목공소 김민식의 나무 인문학

나무의 시
___
간

김민식 지음

b.read

목수.

이제는 사라져 버렸지만 귓가에 담배 한 개비 꽂고 주야장천으로 한잔 걸친 채 벌건 얼굴, 텁텁한 목소리로 곧잘 네가 맞니, 내가 맞니 미장이와 다투던 추억의 인물.

처음 만났을 때 저자는 자신을 목수라 소개했다. 지구상 의미 있는 역사·문화 현장은 안 가본 데가 없는 데다 건축학에 예술론까지 줄줄이 꿰던 그가 내뱉은 목수라는 직업을 나는 피식 웃으며 받아들였다. 젠체하는 것이리라.

그 후 어느 기회에 강원도 홍천에 있는 그의 집을 방문하게 되었는데, 잘 지은 건축물로 미디어에 소개된 바 있던 그곳에서 가졌던 첫 느낌은 군더더기 없는 편안함이었다. 안락하고 쾌적한 방이야 세상에 많고도 많지만 매우 특별했던 건 그 편안함이 고도로 세련된 설계에서 비롯된 게 아니라 거실에 툭 던져진 투박한 나무 식탁 하나에서 생겨나고 있었다는 사실이었다.

주방과 합쳐진 그의 거실 한가운데 있는 기다란 나무 식탁은 그 광활함으로 현란하고 까탈스러운 그의 요리를 묵묵히 담아냄은 물론, 그의 집을 산들바람 부는 자연 한복판으로 이끌어내고 있었다. 나무 판때기 하나 던져 사람을 이렇게나 편안하게 만들 수 있다니 하는 생각이 들면서부터 나는 자발적으로 그를 '도목수'라 부르기 시작했다.

차츰 그를 알게 되자 나는 그가 나무를 써서 집을 짓고 물건을 만드는 목수인 외에도 일본, 중국을 비롯해 멀리 독일, 이탈리아 등 세계 여러 나라를 쉼 없이 돌아다니며 질 좋은 목재를 찾아 헤매는 집시라는 사실을 알았다.

그가 이 독특한 직업을 성공으로 이끌어온 데는 나무를 감별하는 전문적 안목은 물론이고 미술과 건축 등의 연관된 지식에도 어느 정도는 조예를 가졌을 거라 생각했는데, 언젠가 그와 일본 도쿄 여행을 같이하면서 나는 이것이 완전한 오판임을 깨달았다.

한마디로 그는 문화 그 자체였다.

도쿄 구석구석을 제 집 들여다보듯 꿰고 있는 것도 놀라웠지만 그 넓은 도쿄를 종횡으로 가로지르며 랜드마크는 물론이고 구석 구석의 미술, 예술, 건축물, 값싸고 맛있는 식당들을 안내했는데 설명은 정교했고 지식은 깊고 깊어 커다란 감동을 주었다.

이 책은 그러한 그의 해박한 지식과 나무 보헤미안만의 독특한 시각으로 인류의 역사와 문화를 조명하는데, 일단 한번 손에 잡으면 도저히 놓을 수 없을 정도로 재미있다.

그간 우리가 좀체 접할 수 없었던 저자만의 고급 지식과 놀랍도록 흥미로운 이야기들을 토해냄은 물론이고 깊게 읽으면 과연 나무는 본질적으로 어떤 생명체인가 하는 근원적 질문에도 이르게 하는 것이다.

원고에 끌려 약간의 주변 공부를 하다 보니 의외로 나무는 생명의 역사에서 포유류보다 늦게 나타난 고등 생명이라 어쩌면 온 우주에서 오직 지구에만 있을지 모른다는 생각이 들었다.

나무를 훌륭한 견인주의자요, 고독의 철인이요, 안분지족의 현인이라며 대접한 이도 있지만 사실 알고 보면 나무는 대단한 활동가이고 그의 활동은 죽은 후 시작된다는 점에서 신비롭기 그지 없다.

이 세상의 모든 기억해야 할 역사에는 언제나 나무가 인간과 같이 자리 잡고 있으며 인류는 나무로 말미암아 풍요로워졌고 나무와 같이 있을 때 가장 행복하다는 사실을 이 책은 다양한 이야기를 통해 알려준다.

그러고 보니 나의 가장 행복한 순간 중의 하나도 히노키 탕에 몸을 담글 때라는 사실이 새삼 떠오른다.

한평생 나무를 찾아 세계를 떠돌았던 심미안적 보헤미안이자 누구도 따라가기 힘든 인문주의자인 저자는 이 독특한 책에서 나무야말로 인류사의 주춧돌이며 인간의 가장 가까운 벗이라는 메시지를 전하고 있는 것이다. 많은 분께 일독을 권하고 싶다.

소설가 김진명

내 나무 이야기의 시 —— 작

나무와 목재에 관해 어찌 그리 많이 아는지 신기해하며 묻는
이가 많았으나 일일이 답하지 않았다. 아니 못했다. 오랜 이야기
를 꺼낸다. 아직 기억하는 사람들이 있을까. 1970~80년대 초 부
산 앞바다의 일상적 풍경. 수영만에서 시작하여 중앙부두, 감만
동 낙동강 하구 다대포까지 나왕 원목이 띠를 두르며 바다에 떠
있었다. 자동차, 철강, 조선, 전자, 반도체, 화학은 꿈도 꾸지 못하
던 시절, 우리나라 산업의 최대 수출 품목은 합판이었다. 1인당
국민 소득이 200달러에서 1,000달러로 급속히 성장하던 시기,
세계 최대 합판 수출국 한국. 상공부^{현 산업자원부}와 대통령까지 직접
나서서 매달의 합판 수출액을 점검했다.

최대 시장으로 미국만 쳐다보았던 시절. 종합 상사 입사 후 갓
2년이 지났을 때 미국 시장 개척 명령을 받았다. 신입 사원을 겨
우 면한 '상사맨'은 국가 최대의 산업군에서 일한다는 자부심을

가지고 미국 땅을 밟았다. 그런데 참담했다. 기라성같이 우뚝한 선배들이 개척한 미국 시장에서 한국 상품의 위치, 그것이 곧 우리의 위치였다. "싼가." 한국산 합판은 가격 외에 어떤 것도 고려되지 않는 품목이었다. 나는 미국 대도시 주방 가구 제조사, 컨테이너 제조사, DIY 용품 업체를 찾아다녔다. 그러나 어디서든 오직 견적서만 확인했다.

휴스턴에서 더 충격적인 상황을 만났다. 나는 합판 한 장에 5달러, 6달러를 내밀며 다니는데 영국 맨체스터에서 온 대머리 신사는 컨테이너 규격의 모빌 하우스를 5만 달러에 팔고 있었다. 영국에서 만든 조립식 주택의 바닥 면적은 합판 10장을 펼친 규격보다 작았건만. 우리 합판은 10장에 50달러, 같은 면적의 영국 바닥은 5만 달러. 부활절 휴가가 시작되기 전날, 나는 절망했고 그 이상으로 부러웠다. 텍사스 갤버스턴 부두 창고에 쌓인 합판을 확인하고 휴스턴으로 들어가던 45번 고속도로에서의 망망함, 말이 나오지 않았다. 지평선에 붙어 기어이 내려가지 않는 붉은 해를 보며 눈을 감았다. 무엇이 차이일까.

그때부터 합판이든 원목이든 목재가 사용된 것을 보면 제조사를 추적하고 나무의 원산지를 살피는 버릇이 생겼다. 가구는 물론이고 미술관이든 공항이든, 심지어 자동차 내부에 조그만 나무 조각이라도 보이면 다시 보았다.

국제공항 바닥에 마루를 최초로 깐 곳은 인천 영종도 신공항이며, 다음은 암스테르담 스키폴 공항이다. 헬싱키 공항은 확장하며 마루판을 바닥재로 썼다. 파리의 루브르 박물관은 바닥재로 참나무 원목을 헤링본^{청어의 빗살 뼈 모양} 형태로 멋을 부렸다. 일본 나오시마 섬에 있는 이우환 미술관의 바닥은 무늬목을 붙인 참나무 마루판이었다. 관람객이 많아지면 바닥이 곧 해어져 무늬가 허옇

게 드러날 터인데 안타까웠다. 우리나라의 체육관 마루나 콘서트홀 무대에는 주로 단풍나무 마루판을 설치하는데, 쓰임으로 콘서트홀의 비싼 단풍나무는 과한 면이 있다. 백화점에 가도 바닥만 보고 다녔다. 1990년대 매장 바닥에 너나없이 원목 마루를 까는 것이 유행했는데, 아래만 보고 걷다가 지나는 점원의 시선이 민망해서 넥타이를 산 적이 한두 번이 아니다. 어느 건물에 들어가도 문을 보고 난간을 살폈다. 쾰른 콜룸바 미술관의 계단 난간은 사람의 솜씨인가 싶을 정도로 정밀하여 전율했다. 스페인의 세비야 대성당, 콜럼버스의 무덤 옆으로 제단과 벽 장식, 가구는 모두 호두나무였다. 미술관, 갤러리의 작품에 나무가 있으면 살폈고, 소설과 영화 속에도 나무가 보이면 허리를 세웠다. 백남준의 작품과 TV 박스에 쓴 합판을 기억한다. 카뮈의 글, 반 고흐 그림 속의 아몬드나무 흰 꽃은 눈이 부셨다.

나무를 사고, 목재 가공품을 팔러 지구의 산림 지대, 미국과 유럽은 물론이고 뉴질랜드 남 섬, 보르네오 섬의 밀림, 팔레스타인, 쿠웨이트까지 찾았다. 밴쿠버, 알래스카 침엽수림을 헬기로 누비던 일, 중동 석유 부국의 대낮 같던 크리스마스 밤거리, 극동의 젊은이를 친아들처럼 대해주던 테네시의 제재소 영감님. 숲이 좋은 곳은 사람들도 넉넉했다. 이제 모두 아련하다. 그러나 1982년 부활 전야의 한국산 합판보다 1,000배가 비쌌던 영국산 주택을 잊지 못했다. 알아야 했다. 그래서 나무를 보고 또 보았다. 내 나무 이야기는 그렇게 시작되었다.

1장

가로수길은
프랑스에서 시작됐다

여왕 즉위 60주년 행사를 위하여 제작한
육두마차는 뉴턴 경의 사과나무, 남극 탐험 썰매 등
역사와 이야기, 상징으로 채운 영국 역사의 타임캡슐,
영국 역사 속 나무의 총집합이었다.

엘리자베스 여왕의
마차

지루한 유럽 경제 위기 뉴스만 계속되던 2012년. 그해 5월 화려한 여왕 행렬이 신문의 1면을 장식했다. 그지없는 스펙터클로 열흘 남짓 세계의 이목을 휘어잡은 다이아몬드 *주빌레Jubilee. 엘리자베스 여왕 즉위 60주년 기념행사는 여왕이 템스 강에서 보트를 타고 내려오는 것으로 시작되었다.

1,000여 척의 보트가 앞뒤 1km 거리와 좌우를 호위하고 있었다. 강둑 너머 런던 빅 아이가 보이고, *테이트 모던Tate Modern도 지

....

* 주빌레 : 기념 주기를 뜻함. 25년은 실버 주빌레, 50년은 골든 주빌레, 60년은 다이아몬드 주빌레.

나친다. 소형 선단船團 규모의 행사로, 템스 강에서 열린 350년 만의 큰 행사라고 한다. 그로부터 3일 후, 런던 축하 행사의 마지막을 장식하며 여왕이 마차를 타고 버킹엄 궁전에 돌아왔다. 이 마차는 특별 제작한 스테이트 코치 브리타니아 State Coach Britannia다.

영국에서 보트와 마차의 의미는 남다르다. 보트는 섬나라 영국이 유럽에서 뛰쳐나와 수세기에 걸쳐 오대양 육대주를 경영할 수 있게 한 가장 큰 무기였다. 정복왕 윌리엄이 보트를 타고 프랑스의 노르망디에서 남쪽 해안가로 상륙해 노르만 왕조를 열었는데, 그가 바로 엘리자베스 여왕의 직계 조상이다. 수세기 동안 작은 보트를 타고 영국 해안가에 출몰하던 바이킹이 어느 순간 영국 왕조를 열고는 곧 스스로 제작한 영국산 나무 보트로 세상을 정복한 것이다.

지구의 표준시 기준인 자오선 0도의 그리니치 천문대 선박 계류장에는 19세기 말까지 세계 최고의 속도를 자랑하던 범선이 정박해 있다. 이 범선의 이름은 커티 사크Cutty Sark다. 스카치위스

....

* 테이트 모던 : 영국 런던 뱅크사이드 화력 발전소에 만든 현대미술관. 외관은 그대로 보존하고 내부만 현대 미술 전시에 맞게 개조했다.

키 커티 사크는 이 범선의 이름에서 따왔다. 청교도는 메이플라워호를 타고 신대륙에 정착했고, 찰스 다윈이 승선한 비글호, 돛이 달린 나무배로 영국은 어느 경쟁국보다 더 빨리 더 멀리 역사를 항해했다.

역사를 보면 빠른 배와 많은 배를 가진 지역이나 국가가 상대적으로 더 번창하였다. 베니스, 스페인, 네덜란드, 영국이 그렇다. 그런데 모든 보트, 배는 나무로 만들었다. 아직 철을 제련하지 못하던 시절, 주변국이나 식민지에서 목재를 확보해 본국으로 운송하는 일은 열강에게 최우선 가치이자 정책이었다.

보통 배의 뼈대는 단단한 활엽수로 만든다. 특별히 정해진 나무가 있었던 것이 아니라 배를 건조하는 지역에서 자라는, 손쉽게 공급받을 수 있는 나무를 사용했다. 이집트에서는 나일 강가의 갈대를 이용해 만든 보트가, 북쪽 스칸디나비아에서는 자작나무 껍질을 얼기설기 엮어 만든 카누가 발견되었다.

영국은 참나무로 배의 대들보 역할을 하는 용골배의 바닥 중심선을 따라 선수에서 선미까지 이르는 부재과 갑판까지 만든 나라다. 프랑스가 참나무로 와인통을 만들고 신라가 참나무로 숯을 만들어 즐길 때, 노르만공 후손들은 참나무로 단단한 배를 만들었다. 무슨 용도로 사용했건 수백 년 동안 국토의 참나무를 남벌했으니 영국의 풍성했던 산림 자원도 고갈될 수밖에 없었으리라. 그러던 중 자신들이 개척한 식민지에서 배를 건조할 수 있는 최적의 나무를 찾았다. 바로 인도의 티크Teak와 아프리카의 이로코Iroko다. 17세기부터 인도에서 티크티크는 인도 벵골어를 베어 와 배를 만들었다. 서아프리카 열대 지역의 단단한 활엽수인 이로코는 현지인이 당산목堂山木으로 모시는, 신령한 대우를 받는 나무다.

엘리자베스 여왕 즉위 60주년 템스 강 행사에서 영국 왕실은 요트 '스피릿 오브 차트웰Spirit of Chartwell'과 '글로리아나Gloriana'라는 18세기형 노 젓는 배를 사용했다. 글로리아나호의 갑판 재질은 바래기는 했지만 티크 무늿결이 선명하게 보였다. 티크는 기름기를 많이 품고 있기 때문에 요트나 선박 건조에 이보다 더 적합한 나무는 없다. 전통적인 유럽 호화 요트 내부의 티크 인테리어를 본떠서인지 일본, 홍콩, 한국에서는 티크로 만든 가구나 인테리어가 유행이다. 하지만 요트 내부나 *워터 프론트water front와 같이 물기와 직접 접촉하지 않는 곳에 비싼 티크 장식재를 쓰거나 티크 가구를 놓는 것은 과한 선택이다.

현대의 국가적 행사에 전통 마차의 등장이 어색하지 않은 것도 역시 영국 왕실이 펼치는 의전 행사였기 때문이었으리라. 몇 해 전 우리나라 전임 대통령이 영국을 국빈으로 방문했을 때 영국 왕실에서 마차를 제공했다. 마차 의전은 최고의 국빈 예우를 했다는 표시다. 눈 밝은 각국 언론사는 어느 나라의 원수가 영국을 방문했을 때 왕실의 마차에 올랐는지를 일일이 비교한 것은 물론이다. 이렇게 영국 마차의 헤리티지 위에서 자동차의 수퍼 럭셔리 롤스 로이스, 벤틀리가 탄생했으니 부러울 뿐이다. 여섯 마리의 말이 끄는 육두마차, 스테이트 코치 브리타니아는 오스트레일리아의 프렉클링턴 작업이다. 60주년 행사를 위하여 제작한 이 마차는 온통 역사와 이야기, 상징으로 채운 영국 역사의 타임 캡슐이었다. 내부 장식으로 패칭 처리한 나무 리스트를 살펴보니 영국에서 발견한 청동기 시대 페리바이 보트, 범선 커티 사크, 제임스 쿡 선장의 인데버호, *존 해리슨이 시계를 위해 제조한 목재 기어, 뉴턴 경 집에 있던 사과나무, 셰익스피어의 뽕나무, *로버

....

* 워터 프론트 : 단어의 본래 의미는 바다, 호수 등 물가와 접한 부분. 해안과 맞닿은 고급 호텔이나 주거지를 부를 때도 쓰임.

* 존 해리슨 : 영국의 시계 제작자. 경도의 측정이 가능한 항해용 기계식 시계(크로노미터)를 발명했다.

트 스콧 경의 1912년 남극 탐험 썰매 등 그야말로 영국 역사 속 나무의 총집합이다. 역사에서 이 나무들을 하나하나 확인해 보는 즐거움도 적지 않겠다. 이뿐만 아니다. 영국, 스코틀랜드, 캐나다, 오스트레일리아 정부와 여러 개인이 참여해 이 마차 속에 그들 영연방 역사의 유산을 남겼다. 기억해야 할 전쟁터 워털루에서 남긴 조각, 대법원 문짝의 일부, 켄싱턴 궁, 캔터버리 대성당과 세인트폴 대성당, 윔블던 구장 그리고 다우닝가 10번지, 웨스트민스터를 상징하는 실물 나무 파편과 흔적을 정밀한 검증 절차를 거친 후 장식했다고 한다. 또 한 가지 놀라운 사실은 1215년 권리 대장전Magna Carta을 마이크로 카드로 마차 벽면에 부착했다는 것이다. 국왕의 통치 60주년을 축하하는 금마차에 시민의 권리선언 마그나카르타를 장식하는 저들의 담대한 센스라니!

이런 장식이 되어 있는 마차를 타거나 실내에 잠시라도 머문다면 국왕도 절로 겸허해지지 않겠는가. 프렉클링턴은 엘리자베스 여왕 통치 50주년, 즉 골드 주빌레를 기념할 때도 마차 '골드 코

---

* 로버트 스콧 : 노르웨이의 아문센 다음으로 남극점을 정복한 영국 해군.

치Gold Coach'를 오스트레일리아에서 제작했는데, 당시 청구한 제작비가 25만 호주달러였다고 한다. 그는 이번에 '다이아몬드 코치Diamond Coach'를 제작하고 오스트레일리아 정부에 500만 호주달러약 58억 원를 청구했다. 이 금액은 단지 마차 한 대의 값만은 아닐 것이다. 역사와 상징의 값일 터. 누가 '셰익스피어의 뽕나무'와 '뉴턴의 사과나무'까지 기억하고 있었을까.

50주년 골드 주빌레를 위해 만든 골드 코치.

자작나무 새잎같이 맑고 빛나는 색은 없다.
지상 최고의 연둣빛이다.
이른 벚꽃 지고 나면 자작 잎 나오는 것을 챙겨 보라.
황무지의 개척지에서도, 산불이 난 후에도
가장 먼저 숲을 만드는 나무가 바로 자작이다.

자작나무는
어둠 속에 빛나고

영화 〈레 미제라블〉의 한 장면. 코제트가 있던 숲속에 자작나무가 빛난다. 자작나무는 캄캄한 밤 게슴츠레한 달빛 아래서도 대번에 보인다. 나무 껍질이 온통 하얗기 때문이다. 빅토르 위고는 소설 〈레 미제라블〉을 벨기에 워털루에서 썼다고 한다. 워털루는 나폴레옹이 최후로 무너진 곳, 전투에서 말도 움직이기 힘들었다는 진창의 평원이지만 남쪽으로는 유럽 대륙의 거대 삼림지역 소니안 숲Bois de Sonian Forest이 시작되는 곳이기도 하다. 너도밤나무와 참나무가 유명한 숲인데, 어린 코제트는 하필 자작나무 숲에서 몸을 떨고 있다. 아마도 자작나무가 북방의 싸한 바람, 그

추운 기운을 고스란히 품고 있는 나무이기 때문이리라. 자작나무는 햇볕이 들지 않는 북사면北斜面 북쪽을 향해 경사진 땅에서 잘 자라는 나무다. 코제트가 잎이 큰 너도밤나무나 참나무에 둘러싸여 있었다면 그렇게 애달프게 느껴지진 않았을 것이다. 시벨리우스의 교향곡에서 느껴지는 싸한 바람 소리 역시 그의 조국 핀란드의 자작나무 숲에서 비롯되었을 것이리라.

같은 활엽수이지만 자작나무는 참나무나 너도밤나무에 비해 한결 작은 잎을 가지고 있다. 벨기에 숲의 아름드리 참나무는 나폴레옹의 군대가 영국 웰링턴 공작이 이끄는 군대를 치기 위한 함대를 건조할 때 엄청난 양이 벌채되어 숲의 모습이 지금처럼 축소되었다고 한다. 볼품없이 큰 브뤼셀 공항에 익숙한 여행자들은 벨기에의 무성한 숲과 나무를 상상하기가 어려울 것이다.

자작나무를 사러 숲이라고는 전혀 보이지 않는 에스토니아의 탈린을 찾아간 적이 있다. 핀란드의 자작나무 가격이 너무 높아져 동유럽으로 눈을 돌려야만 했는데, 마침 발트해 연안의 에스토니아, 라트비아가 소련으로부터 독립해 어수선하게나마 서방 세계로 문호를 개방하기 시작했기 때문이다. 헬싱키를 거쳐 도착한 탈린 공항에는 아직 붉은 군대가 보였고, 호텔도 사회주의 국가의 초대소와 별반 달라 보이지 않았다. 내가 찾아간 곳은 서방과 거래하는 에스토니아 제1호의 민영 기업이었는데 모든 게 허술했지만 사람 냄새 나고 정다웠다. 특히 너른 창고가 인상적이었다. 그 큰 창고에 자작나무와 합판이 꽉 차 있었는데 모두 러시아에서 온 화물이었다. 철도 레일이 창고 안까지 들어와 있었고, 그곳은 모스크바를 거쳐 극동의 블라디보스톡, 만주를 지나면 심양, 신의주, 서울, 부산까지 내달릴 수 있는 시베리아 횡단선의 서쪽 출발지였다. 기찻길과 트럭이 달리는 도로로 전 대륙이 연결되어 있는 유럽의 경이로움이란. 나는 비행기 항로에 따라 프랑크푸르트에서 출발해 헬싱키를 거쳐 에스토니아의 수도 탈린까지 돌고 돌아 왔는데, 이곳에서는 발트해 연안의 화물을 트럭에 실어 육로로 곧장 독일의 제조 공장까지 보낼 수 있다는 게 아닌가. 그 길로 자작나무 합판을 구해 번개처럼 독일에 들어갔다. 슈투트가르트에서 마루판 생산을 같이 계획하고 있던 쉬미드 형제가 마치 '반지의 제왕'이 귀환한 것처럼 나를 반기던 때가 어제일 같다. 쉬미드 가문은 150년 가까이 독일 슈투트가르트에서 목재소를 운영하고 있는 집안인데, 그때까지도 그 형제는 독일 인근의 몇 나라를 자동차로 여행한 것이 고작이었으니 나를 그저 놀라운 눈으로 쳐다보았다.

자작나무를 구하러 발트해 연안으로 간 것은 시장 상황 때문만
은 아니었고, 그 지역에 관해 내가 품고 있던 막연한 상상과 기억
이 한몫을 했다. 나는 소련에 속했던 중세 한자 동맹의 나라인 에
스토니아, 리투아니아, 라트비아가 옹기종기 있다는 것도 모른
채 '시베리아에서는 엄청난 물량의 자작나무와 합판이 나오고 있
으니 모스크바를 가야지'라는 생각뿐이었다. 그리고 러시아 배
경의 영화와 소설 때문이었다. 파스테르나크의 〈닥터 지바고〉에
서는 눈 내리던 기찻길 옆으로 자작나무가 끝없이 서 있었다. 그
리고 톨스토이의 영지 야스나야 폴라냐…. 아버지의 서가에 꽂
혀 있는 톨스토이 전집에는 언제 찍었는 지 알 수 없는 흑백 사진
이 실려 있었다. 사진 속 생가와 무덤 옆에도 하얀 수피의 자작나
무가 있었다. 〈안나 카레니나〉, 〈부활〉, 〈바보 이반〉을 잉태한 자
작나무 숲은 내게는 그저 꿈의 풍경. '에스토니아의 탈린에서 페
테르부르크까지는 한두 시간 거리라고 하니, 그럼 후딱 러시아도
다녀오마' 하고 길을 나섰다. 그러나 꿈에 그리던 자작나무 숲을
보려는 내 꿈은 산산조각이 났다. 국경을 통과하는 데만 예닐곱
시간이 걸렸고, 〈닥터 지바고〉와 〈안나 카레니나〉의 감상도 극심

한 국경의 트래픽을 넘지 못하였으니, 야스나야 폴라냐의 자작나무 숲은 여전히 내 꿈속에 있다.

작년에는 온 겨울 동안 톨스토이를 다시 읽었다. 네흘류도프와 카츄사의 거룩함만으로도 벅찬, 두꺼운 〈부활〉에는 나무가 딱 '한 번' 쓰였을 뿐이다. 귀족의 영지에서 자작나무 한 그루를 베어 간 농노를 벌주는 장면에 귀족의 서슬 퍼런 영지에 '빛나는 들판의 자작나무'가 서 있었던 것.

자작은 러시아와 핀란드의 국가 나무이며 그들이 가지고 있는 감성, 일상생활과 풍습에 깊숙이 스며 있다. 핀란드와 러시아에서는 사우나를 할 때 자작나무 다발로 등을 두드리면 잎이 함유하고 있는 성분이 우리 몸을 소생시킨다고 믿고 있다. 한국인이 소나무, 일본인이 편백나무에 대하여 신앙을 가지고 있듯이 핀란드와 발트해 연안 지역, 러시아 사람들이 자작나무를 대하는 것도 그러하다. 우리가 초봄에 고로쇠 물을 뽑듯 그쪽 사람들도 봄이면 자작나무 물을 받아 마시고 또 시럽을 만든다. 사는 모습은 어디든 비슷하다.

우리 역사학계에서도 자작나무와 관련한 큰 사건이 있었다. 1970년대 초 경북 경주, 역사학자들이 작은 고분을 발굴하다가

나무 껍질 위에 그려진, 화려하게 하늘을 나는 말 그림을 발견했다. 천마총의 천마도天馬圖다. 나무 껍질 위에 그림을 그린 이 물건의 용도는 바로 '말다래'인데, 말 안장에 붙여 타고 있는 사람에게 흙이 튀는 것을 막는 장식품이다. 이 천마도의 캔버스가 자작나무 껍질로 밝혀졌고, 이는 신라의 문화, 한반도 민족 이동이 북방에서 비롯된 뚜렷한 증거라며 역사학계가 흥분했다. 역사학자 이선근 선생이 탄성을 질렀고 그의 대구사범 애제자였다는 박정희 대통령은 아예 영남대학교의 학교 배지를 자작 껍질에 그려진 '나는 말天馬'로 정했다. 자작나무는 경상도, 경주 지역에는 자라지 않는 북녘의 나무다. 혹자는 천마총의 자작나무 껍질과 금관총을 근거로 신라가 고구려, 백제와 달리 오히려 시베리아 그리고 스키타이 문명과 인접했다고 주장하기도 한다. 자작나무는 지금 남한 땅에 사는 우리에게는 그리 친숙하지 않지만, 추사가 함경도에 귀양 가 살던 집이 자작나무 껍질로 지붕을 만든 화피樺皮집이라고 전해진다. 자작나무 껍질 화피로 배를 만든 것은 함경도뿐 아니라 유럽, 미국 인디언 문화권, 일본 홋카이도에서도 볼 수 있다. 자작나무 껍질은 방부 기능이 있어 잘 썩지 않으니 예로부터 동서를 막론하고 지붕 자재로 사용했고, 또 겹치고 엇대어 배를 만드는 소중한 자재로도 사용했던 것이다.

자작나무 껍질은 종이 대용으로도 사용하였다. 자작 껍질에 새긴 산스크리트어 불경이 인도 북부 지역에서 발견되었는데, 기원전 1~2세기에 기록된 부처님 말씀이라고 한다. 자작나무 껍질에 글을 쓴 것은 중국과 일본에도 남아 있다. 우리나라에서도 자작나무 숲이 깊은 북쪽 지역에서는 종이를 대신했을 것이다.

북반구에 널리 분포되어 있는 자작나무는 목재로서 많은 장점에도 불구하고 공급량이 많아 비교적 싸게 거래되는 수종이다. 우리나라 체육관 바닥과 콘서트장 무대에는 단풍나무 마루판을 주로 쓴다. 일일이 조사하진 않았지만 적어도 내가 본 꽤 많은 곳이 단풍나무였다. 단풍나무는 나무 자체의 탄력이 좋아 체육관에는 적당할 수 있으나 다른 용도에까지 이렇게 비싼 자재를 깔 이유는 없다. 아마도 경제 수준이 높아지면서 곳곳에 단풍나무 바닥을 새로 시공한 것이리라. 그중 대부분은 캐나다산 단풍나무지만 간혹 덴마크에서 가공한 것도 있다. 반면 세계적인 단풍나무의 밭이며 공급지인 캐나다와 또 인접하는 미국의 북쪽 지역 미네소타, 위스콘신에서도 여전히 자작나무 마루를 많이 쓰고 있다. 자작나무는 단풍나무보다 많이 싼 나무다. 거듭 이야기하자면 자작나무의 품질이 떨어지는 게 아니라 공급이 풍부하여 싼 나무일 뿐이다. 단풍나무의 나라 캐나다에서도 체육관 바닥에 자작나무를 많이 쓰는데, 우리 체육관은 죄다 단풍나무 바닥재다. 비싸니 품질도 좋을 것이라고 믿는 우리의 통념에서다.

저렴한 자작나무를 세계 디자인사에 등극시킨 사건이 있다. 대공황으로 암울하던 1930년대 초, 유럽 대륙 변두리 핀란드의 무명 디자이너가 합판을 이리 굽히고 저리 굽혀 만든 의자 몇 가지를 선보였다. 훗날 핀란드 지폐에까지 본인의 얼굴을 올린 건축가 *알바 알토의 이야기다. 그가 디자인한 의자 No. 41, 31은 모두 자작나무로 만들었다. 젊은 건축가는 조국 산하에 지천으로 널려 있는 자작나무를 이용했다. 어느 디자이너도 '지역', '토속'이라는 주제를 넘보지 않던 시대였다. 지금도 핀란드는 자작 합판 생산으로 유명하다. 대량 생산 산업용 합판에 사용되는 나무는 예나 지금이나 당연히 공급이 풍부하고 경제적이어야 한다.

제 고장에 풍성히 자라는 자작나무로 경제성을 더 높여보고자

....

* 알바 알토(1898~ 1976) : 핀란드의 국민 건축가. 건축뿐 아니라 가구, 조명, 유리 제품 등의 디자이너로 활약했으며, 자작나무 합판을 열처리로 곡면화한 디자인 가구를 탄생시켰다.

했던 젊은 건축가의 디자인은 당대의 건축가 *르 코르뷔지에까지 고객으로 만들었고, 지금까지도 20세기의 디자인으로 손꼽히며 팔리고 있다. 스칸디나비아 연안에서 가장 산업이 낙후되어 있던 핀란드. 알바 알토의 덕인가. 노키아, 통신, 교육의 핀란드는 불과 20년 사이의 이야기다. 뭐든지 엉성했던 핀란드가 자작나무 합판만은 정말 잘 만들었다.

오늘 산길을 걷노라니 움 터지는 소리가 바람과 다투고 있다. 까마귀는 대놓고 떠들고 다른 새소리도 분주한 가운데 땅도 툭툭거려 지나는 발걸음을 멈추게 한다. 움이 비집고 나왔으니 곧 새순이 돋고 산이 연두색으로 물들 날이 머지않겠다. 금세 산벚꽃과 초록빛이 군데군데서 눈을 흘리겠지만, 자작나무 새잎같이 맑고 빛나는 색은 없다. 지상 최고의 연둣빛이다. 이른 벚꽃 지고 나면 자작 잎 나오는 것을 챙겨 보라. 황무지의 개척지에서도, 산불이 난 후에도 가장 먼저 숲을 만드는 나무가 바로 자작이다. 야

---

* 르 코르뷔지에(1887~1965) : 스위스 태생의 프랑스 건축가이자 화가, 저술가. 20세기 현대 건축의 아버지로 불린다. 대표작으로 빌라 사부아(Villa Savoye), 롱샹성당이 있다. "집은 인간이 살기 위한 기계"라는 그의 정의가 유명하다.

스나야 폴라냐, 톨스토이의 '빛나는 들판'은 자작나무 숲이다. 코제트가 울며 등을 떨고 있던 그 숲에 유독 자작나무가 보였다.

자작나무를 곡면 처리해 만든 알바 알토의 암체어 No.31.
파이미오 체어Paimio Chair라고도 불린다.

문명 앞에는 숲이 있었고,
문명 뒤에는 사막이 따른다.

레바논 국기의
초록 나무

축구 경기 중계에서 삼나무를 보았다. 초록 나무가 들어간 레바논 국기. 나무가 오랜 인류의 역사를 만들었다는 사실을 잊고 있었다. 알파벳을 최초로 사용한 페니키아 문명의 터, 레바논. 레바논 국기에 그려진 '초록 나무'는 나무가 인류의 역사와 문명을 만들었다는 여러 증거 중 하나에 불과할 뿐이다. 페니키아인들은 *갤리선galley으로 당시 문명의 대양이던 지중해를 누볐다. 갤리선은 바람을 맞는 돛과 함께 노를 저어서 항해할 수 있도록 건조한

....

* 갤리선 : 노와 돛이 있는 그리스·로마의 배.

배다. 페니키아인들이 기원전 3000년경부터 건조하기 시작한 갤리선은 16~17세기 유럽의 대항해 시대에 이르러 범선이 주류를 차지하기까지 역사에서 인류가 사용한 최상의 전투함이자 운송선이었다. 이 갤리선을 건조하는 데 사용된 페니키아의 목재가 바로 레바논 국기 속의 삼나무다.

레바논의 삼나무Lebanese Cedar는 우리말 구약 성경에서 '레바논의 백향목'이라고 번역되었다. 삼나무는 지중해 연안 페니키아 문명의 근거지 레바논의 최대 자원이었다. 이 자원 부국 페니키아가 서구 문명의 요람인 지중해 연안을 제패한 것이다.

솔로몬 왕도 레바논의 삼나무를 가져와 예루살렘 궁전을 지었고, 이집트도 레바논의 삼나무를 수입해 배를 건조했다. 당연히 나일강 델타의 곡물은 삼나무 배에 실려 그리스와 로마로 운송되었다. 고대 갤리선 무적함대를 앞장세워 로마를 공포에 빠뜨린 북아프리카의 *카르타고Carthago 사람과 한니발 장군이 모두 페니키아인이다. 따라서 삼나무가 없는 페니키아 문명은 성립되지 않는다고 해도 과한 말이 아닐 것이다. 그러나 그토록 울창했던 숲은 수천 년간 계속된 벌채로 지금은 흔적도 없고, 이제 페니키아의 영광은 레바논 국기 속에만 남아 있다.

나무가 사라진 곳에서 문명은 황폐해 갔다. 사막화된 이집트, 메소포타미아, 그리스, 로마는 지금 우리가 보는 바대로다. 풍부한 목재 자원으로 찬란한 초기 문명을 만들었던 메소포타미아, 그리스는 지속적인 남벌로 목재를 구하기 어려워지며 쇠퇴의 길로 들어섰다. 로마도 목재 부족이 큰 원인이 되어 붕괴하였다. 산림 자원을 찾아나선 로마인들은 프랑스 남부, 벨기에 북부, 독일로까지 범위를 넓히지 않을 수 없었다. 유리 공장, 도자기 공장, 철 제련소를 위한 땔감을 대줄 대규모 삼림 지역이 필요했던 것이다. 로마 제국은 4~5세기에 이르러 영토 내의 목재 부족으로 선박을 제대로 건조하지 못하니 이집트와 시칠리아로부터 로마로 오는 식량 운송선 확보마저 원활하지 않았다. 식량도 조달하지 못하는 문명은 버틸 수가 없었고, 결국 게르만인에게 함락되었다. 게르만인은 '숲에서 온 사람들'로 불리던 족속이다. "문명 앞에는 숲이 있었고, 문명 뒤에는 사막이 따른다." 제국의 명멸에

....

* 카르타고 : 고대 페니키아인이 북아프리카의 튀니스만 북쪽 연안과 시칠리에 건설한 도시 및 도시 국가. 지중해의 패권을 두고 로마와 치른 포에니 전쟁이 유명하다. 기원전 218년 카르타고의 한니발 장군이 코끼리를 동원하여 알프스를 넘어와 로마를 공격했다. 120년에 걸친 포에니 전쟁에서 승리한 신생 로마는 카르타고의 유산을 완전히 불태우고 폐허로 만들었다.

대하여 19세기 프랑스의 작가 샤토브리앙이 남긴 말이다.

고대의 영국도 프랑스와 다르지 않게 참나무가 밭을 이루던 '오크랜드Oakland'의 모습을 가졌던 때가 있었다. 11세기 프랑스 노르망디에서 영국에 상륙한 정복왕 윌리엄이 태고적 참나무 밑동을 자르는 그림이 있다. 또 버크셔 윈저파크에는 정복왕의 참나무가 거의 천년 세월을 지탱하며 서 있다. 윈저파크 일대는 노르망 정복자 가족의 사냥터였는데 윌리엄 공의 아들이 이 참나무 아래서 영국 토착 세력의 화살을 피하지 못했다는 사실이 돌에 새겨 있다. 노르만 왕조가 시작된 10~11세기의 영국에 지금은 믿기 어려운 울창한 숲이 있었다는 흔적을 공원의 늙은 참나무가 보여준다.

영국은 문명화하며 오대양을 항해할 대형 선박을 건조해야 했고, 산업혁명의 불을 지피며 제 영토의 참나무, 호두나무, 가문비나무부터 베기 시작했다. 배의 구조물과 몸통으로, 용기로, 건축재로, 무엇보다 땔감으로 영국의 숲이 사라졌다. 그러자 최첨단 범선을 가지고 있던 영국인들은 아시아, 아프리카, 신대륙으로 새로운 목재 자원을 찾아 나섰다.

식민 지배의 화려한 역사를 썼던 영국. 영국의 옛 국립도서관,

그리니치 해군병원의 부속 교회, 역시 그리니치에 정박해 있는 함선 커티 사크에 올라가 보면 이집트의 파라오나 예루살렘 궁전의 솔로몬 왕이 이런 영화를 누렸을까 싶다. 18~19세기에 지은 교회, 공공건물, 배의 내부는 온통 인도차이나, 라틴 아메리카, 아프리카에서 실어 온 진귀한 티크, 마호가니, 로즈우드, 흑단으로 도배되어 있다. 태국, 인도, 온두라스, 아프리카에서 멸종되어 볼 수 없는 나무는 유럽 구석구석 교회의 장식, 덴마크 가구, 요트의 갑판, 미술관의 마룻바닥이 되었다.

나무 이야기를 할 때면 늘 '나무가 만든 역사' 이야기로 시작한다. 그러나 그 역사에 아프리카나 동남아의 열대 우림은 별로 언급되지 않는다. 이 지역이라고 왜 나무의 역사가 없으랴. 아프리카와 인도차이나에 가보면 열대 우림의 나무가 무성할 것 같지만 실상은 그렇지 않다. 깊숙이 밀림으로 들어가도 베어 쓸 만한 나무가 보이지 않는다. 잔꼬챙이처럼 가늘거나 줄기가 칭칭 꼬여 자라는 나무들만 즐비할 뿐 경제성이 있는 재목은 별로 없다. 유럽 열강의 대항해 시대 이후 수백 년간의 자원 수탈로 황폐해진 밀림이 *'슬픈 열대'로 남아 있을 뿐이다. 필리핀에서는 아름드리 활엽수 나왕Lauan이 사라졌고, 티크의 왕국이었던 태국의 밀림에도 티크는 없다. 그곳에 티크가 있었다는 흔적은 관광용으로 파는 접시와 벽걸이 태피스트리에만 남아 있다. 필리핀의 질 좋은 나왕^{열대 호두나무}은 유럽 대륙의 주택 문틀과 창틀에서, 인도차이나의 티크는 영국, 덴마크, 이탈리아의 고급 요트 갑판에서 보인다.

영국의 일기 작가 *존 에블린은 "모든 물질 문화는 나무가 없다면 존재할 수 없었을 것이다", "나무가 없는 것보다는 황금이 없는 것이 더 나을 것이다"라며 세상을 통찰했다. 역사가 전쟁, 인구의 폭등, 대화재, 질병과 기근은 기록하면서도 나무에서 문명이 나고 숲이 황폐해져 문명이 사라진 것을 기술하지 않은 것이 이상하다. 그렇지만 전해 오는 신화에서는 숲을 파괴하는 인간들에게 엄중한 교훈과 경고를 빠뜨리지 않았다. 인류의 이야기 중 가장 오래되었다는 수메르의 길가메시 서사시^{Epic of Gilgamesh}에

....

* 슬픈 열대 : 프랑스의 인류학자 레비스트로스가 브라질 밀림의 원주민을 관찰하고 서술한 1955년 저작. 서구 중심주의와 인종주의를 비난하고 심지어 식인 풍습도 원주민의 문화 현상으로 읽어야 한다고 주장했다.

* 존 에블린(1620~1706) : 17세기 영국의 저술가이며 정원사, 일기 작가. 찰스 1세, 올리브 크롬웰의 부상과 죽음, 런던 대화재를 기록했다. 예술·문화·정치·사회 풍속에 대한 기록이 방대하다.

는 신의 숲을 파괴하니 홍수가 닥쳤다는 내용이 나오고, 성경 창세기에는 생명의 나무를 건드린 인간이 에덴동산에서 추방된다. 그런데 숲과 나무를 건드려 낙원에서 인간이 추방된다는 신화는 지금 우리의 처지이기도 하다.

삼나무가 그려진 레바논 국기.

릴케는 프랑스의 가로수 아래서 시를 쓰고,
슈베르트는 라임나무 아래서 위로를 받았다.

가로수길은
프랑스에서 시작됐다

|

주여, 때가 왔습니다. 지난여름은 참으로 길었습니다.

해시계 위에 당신의 그림자를 얹으십시오.

들에다 많은 바람을 놓으십시오.

마지막 과실들을 익게 하시고,

이틀만 더 남국의 햇볕을 주시어

그들을 완성시켜

마지막 단맛이 짙은 포도주 속에 스미게 하십시오.

지금 집이 없는 사람은 이제 집을 짓지 않습니다.

지금 고독한 사람은 이후로도 오래 고독하게 살아

잠자지 않고 읽고, 긴 편지를 쓸 것입니다.
바람에 나뭇잎이 날릴 때,
불안스레 이리저리 가로수길을 헤맬 것입니다.

- 릴케, 「가을날」

릴케가 노래한 이 시의 가을날, 1902년 프랑스의 햇빛도 한국의 지난여름처럼 어지간했던 모양이다. 이 젊은 시인은 조각가 로댕의 스튜디오에서 일하며 파리에 머물렀다. 유명한 루 살로메와 시인의 스캔들도 아마 그 무렵의 일이었을 거다. 릴케는 오스트리아 제국의 보헤미아 ^{프라하} 태생이다. 파리의 '가로수 그늘' 아래서 보헤미안 시인이 이런 절절한 시를 발표하니 유럽 대륙 뭇 여성들의 심금이 얼마나 설렜겠는가. 릴케가 본명 르네^{Rene}를 라이너^{Rainer}로 바꾼 것은 루 살로메의 제안이었고, 훗날 시인은 찾아온 여인을 위해 장미꽃을 따다 가시에 찔려 죽었다는 세기의 이야기도 남겼다(릴케는 백혈병을 앓고 있었다).

가로수의 기원을 두고 이집트의 고분에 그려진 가로수, 기원전 중국 주나라 때 가로수를 가리키는 단어 예수^{例樹}, 구약 성경에 나오는 궁전에 심은 나무에서 유래했다고 설명하는 이도 있다. 그러나 역사에 씌어진 장소인 이집트, 중국의 중원, 요르단 계곡은 하나같이 사막이며 나무 한 그루 없어 여행자를 당황하게 만든다.

이탈리아도 2,000년 로마 가도를 자랑하지만 실상은 100년 넘은 가로수길이 없다. 작열하는 이탈리아의 햇빛을 가려 주는 '버섯 소나무'의 행렬이 남부 지역의 장관을 이루나 나무의 수령을 보아 로마 군단이 쉬어 간 나무로는 턱없는 세월이다.

프랑스의 많은 길은 로마 시대까지 거슬러 올라간다. 16세기 초 르네상스 시대, 제노바의 가로수는 호두나무와 뽕나무였다. 프랑스가 이탈리아의 가로수 조경 문화를 알프스 북쪽으로 옮겼다. 나폴레옹이 행군하는 병사들의 쉼을 위하여 가로수를 집중적으로 심었다고도 한다. 지금 보는 파리 도시 계획은 1860년대 나폴레옹 3세 치하에서 완성되었다. 그러니 릴케가 시를 쓴 1902년 파리의 가로수는 최소 40년 수령의 절정기에 이른 건강한 나무였다. 나무는 40년에서 50년 그리고 60년 나이일 때 가장 호흡작용이 왕성하여 내뿜는 산소의 양은 생장기 최대치에 이른다. 노년기의 나무가 배출하는 산소의 양은 장년기에 비하여 현저히 적다. 이런 이유로 나무의 벌채 간벌은 건강한 생태를 유지하기 위하여 꼭 필요하다. 자연 상태로 보호하는 것보다 간벌을 통해 40년, 50년 수령의 나무가 무성할수록 건강한 숲이다. 40년 수령 가로수는 이국의 젊은이로 하여금 시를 쓰게 만들었다. 심약한 시인이 기대었던 파리의 건강한 가로수.

알레allées, 애비뉴avenue, 불르바르boulevard 등 가로수가 있는 길이라는 뜻의 단어들은 모두 프랑스어에서 나왔다. 17세기에 '조경의 황제'로 불렸던 프랑스의 앙드레 몰레는 그의 저서 〈정원에서의 즐거움The Pleasure Garden〉에서 양느릅나무와 라임나무를 길따라 2~3열로 심은 것을 최고의 장식으로 추천했다. 그는 당시 영국, 네덜란드, 스웨덴의 궁정에서 일하기도 했고 그의 저술은 유럽 각국의 현지어로 번역되어 출판된 바 있다. 몰레는 대를 이은 정원사 집안 출신으로, 그의 아버지도 또 아들도 정원사다. 독일, 스칸디나비아, 영국의 조경 정원 디자인에 프랑스풍이 짙은 것은 몰레 가족이 스웨덴과 영국의 왕가, 독일의 여러 제후국에서 자문 역을 맡았기 때문이다.

17세기 이후 프랑스의 가로수 스타일은 인근 벨기에, 룩셈부르크, 독일, 오스트리아, 멀리 스칸디나비아의 궁정, 대지주들 사이에서도 유행해 스웨덴의 부유한 지주들은 네덜란드, 독일에서 라임나무를 수입해 가로수나 조경에 사용하기도 했다. 아주 시원 스럽게 자라고 잎이 넓어 그늘을 크게 만드는 나무다. 스웨덴 스카니아의 외베스클로스테르에는 1776년 조성한 라임나무 가로수가 지금도 그 위용을 자랑한다. 라임나무는 린덴^{Linden} 혹은 바스우드^{Basswood}라고 불리는, 우리의 '피나무'다. 라임이 열리는 나무가 아닌데 이름이 라임나무여서 혼돈할 수 있다. 스칸디나비아 신화의 라임나무에는 신이 살고 있었다. "기도는 라임나무 밑에서 하고, 공정한 판단도 라임나무 곁에서 해야 한다"는 중부 유럽의 민속은 그들의 토착 신화에서 흘러 내려왔을 것이다.

슈베르트의 「겨울 나그네」 중 다섯 번째 곡 '보리수'는 라임나무^{독일어 Lindenbaum}다. 누가 보리수로 번역했을까. 피나무라는 발음이 슈베르트 가곡의 서정을 깨뜨릴까 봐 일부러 그랬을까.

성문 앞 우물가에 보리수가 한 그루 서 있어
그 그늘 아래서 수없이 달콤한 꿈을 꾸었지
줄기에 사랑의 말 새겨 놓고서
기쁠 때나 즐거울 때나 이곳에 찾아왔지

이 깊은 밤에도 나는 이곳을 서성이네
어둠 속에서도 두 눈을 꼭 감고
가지는 산들 흔들려 내게 속삭이는 것 같아
"친구여 이리 와, 내 곁에서 안식을 취하지 않으련."
찬 바람 세차게 불어와 내 뺨을 스쳐도
모자가 날아가도 나는 돌아보지 않았네
오랫동안 그곳을 떠나 있었건만
내 귀에는 아직도 속삭임이 들리네
"이곳에서 안식을 찾으라."

- 빌헬름 뮐러, 슈베르트의 「겨울 나그네」

"가지는 산들 흔들려 내게 속삭이는 것 같아. 친구여 이리 와,
내 곁에서 안식을 취하지 않으련." 대단한 가로수 아닌가. "이곳
에서 안식을 찾으라." 신의 품이다. 독일, 네덜란드, 발트해 인근
에서 만나는 라임나무 가로수는 크고 잎이 넓어서인지 햇빛이
작열하지 않는 중부 유럽에서 더욱 넉넉해 보인다. 가난한 슈베
르트도 라임나무에 큰 위로를 받았으리라. 이뿐인가. 같은 발음

의 다른 라임나무가 있다. "아픔이란 가슴속에 간직하고 죽어야 하는 그런 것이었다." "서로 잊지 않고 가슴속에 깊이 품고 있으면 사라지는 일은 결코 없단다." 소설 〈나의 라임오렌지나무〉 속의 대사다. 라임나무 밍기뉴, 다섯 살 꼬마 제제, 포르투가 아저씨. 라임나무 없이 바스콘셀루스가 이렇게 아름다운 대사가 담긴 소설을 쓸 수는 없었을 것이다. 이 라임나무는 지중해, 라틴 아메리카의 오렌지나무다.

미감이 아닌 실용적인 목적으로 심은 가로수도 있다. 프랑스에서는 너도밤나무와 참나무도 많이 심었다. 19세기부터는 포플러를 심는 지역이 아주 많아졌는데, 속성으로 자라는 포플러는 여러 산업 용재로 사용하기에 적합한 나무였기 때문이다. 실크를 뽑기 위해서 뽕나무를 심었고, 와인 산지인 브루고뉴에서는 특별히 느릅나무를 심어 와인을 만들 때 누름판의 재목으로 이용했다.

영국 웨일스의 제재소에 갔을 때의 에피소드도 떠오른다. 생소한 나무 조각이 사무실에 몇 개 있었는데 나무 이름이 '런던 플레인London Plain'이라고 했다. 무늬가 치밀하고 상당히 단단했는데 가로수를 제재한 나무라고 한다. 살펴보니 플라타너스였다. 참고하기 위하여 한 조각을 들고 왔는데, 플라타너스 목재를 본 우리 목수가 당장 사용해보고 싶다고 했다. 늘 사용하는 참나무, 호두나무, 물푸레나무, 단풍나무와 색깔과 결이 딴판이었기 때문이다. 작업하는 이에게는 지루하지 않은 소재란 뜻이다. 가로수를 경제적 용재로 사용하는 영국에 혀를 내둘렀는데, 유럽 대륙에서는 일상적이라는 것을 훗날 알게 되었다. 스위스에서는 버드나무로 침대를 만들고 프랑스에서는 사과나무, 배나무로 가구를 만들고 있다. 스위스의 휘슬러네스트와 프랑스 에르메스다.

세계의 가로수길 중에는 마주 보는 가로수 가지의 윗부분을 맞닿게 하여 터널을 만들어 장관을 연출하는 길이 많다. 이를 그린 터널Green tunnel이나 아크웨이Archway라고 부르는데 대성당Cathedral이란 단어도 이런 가로수의 형상Arch form과 관련이 있다.

피사로, 반 고흐, 클림트, 뭉크의 회화에서도 가로수는 우리의 시선을 끈다. 피사로의 사과나무 가로수길을 보면 과수원에서 자라는 사과나무에 비하여 둥치가 아주 굵고 크다. 에르메스가 사과나무로 가구를 만든 것을 보고 의아했는데, 인상파 화가 피사로의 그림 「사과나무 가로수」가 내 의문을 풀어 주었다. 반 고흐의 사이프러스가 우뚝 서 있는 풍경은 너무 익숙하여 설명이 필요 없을 듯하고, 클림트의 「쉴로스 카머로 가는 길」은 나무 이름을 쓰지 않았지만 캔버스를 가득 채우고 있는 가로수는 라임나무가 분명하다. 잘츠부르크 인근의 풍경이다. 뭉크도 노르웨이의 숲과 나무를 많이 그렸다. 오슬로에서 뭉크의 그림 「가로수길의 첫눈」을 보면 캔버스의 나무도 울부짖는다.

가로수는 유용성만으로도 가치가 크다. 독일 여행 중 고속철 이체^{ICE}가 발행하는 저널에 실린 '가로수가 주는 22가지 유익'이라는 기사에서 본 글이다. "가로수는 도심 자동차의 과속을 줄여준다. 보행자의 안전에 기여한다. 가로수길의 상점들이 번화가 쇼핑몰에 비해 약 20% 평균 소득이 높다. 햇빛이 내리쬘 때 가로수는 5~15℃를 떨어뜨린다. 자동차가 배출하는 휘발성 유기 화합물을 감소시킨다. 가로수와 숲이 조성된 지역의 하기 에너지^{냉방용} 비용은 아스팔트 도심 지역에 비해 15~35% 절감된다." 독일 사회는 건축도 자동차도 일상생활 곳곳이 에너지다. 구석구석 녹색 그린 에너지 구호가 눈에 띄는 나라에서는 가로수로 화석 연료를 얼마만큼 절감하는지도 계산하고 있다.

가로수로 도시의 모습을 바꾼 곳이 국내에도 있다. 바로 대구다. 대구는 한반도에서 여름철에 가장 덥기로 소문난 지역이었다. 그런데 언제부터인가, 얼추 15~20년 전부터 기상 캐스터가 꼽는 가장 더운 지역 중에 대구가 계속 빠지고 있다. 보도를 보니 대구는 1970년대 이후 우리나라에서 단위 면적당 도심 속 가로수를 가장 많이 심은 지역이다. 대구 시민들이 푸른 대구를 만들어 도시의 온도를 낮춰 버렸다니 놀라운 일이다.

경제적 관점으로, 미국의 조경가 댄 버든의 말을 더한다. 그의 저서 〈어번 스트리트 트리Urban Street Trees〉(2006)에 따르면 "가로수 한 그루를 심고 3년간 돌보는 비용이 250~600달러, 나무에서 되돌려 받는 이익은 90,000달러"라고 한다. 가로수에서 얻은 릴케의 시, 반 고흐의 그림 값은 계산하지 않은 금액이다.

클림트의 「쉴로스 카머로 가는 길」(1912)에
라임나무가 등장한다.

런던에서 대성공한 극작가 셰익스피어도
말년을 보낸 스트랫포드 고향 집에 뽕나무를 심었다.
그런데 셰익스피어 집의 새 주인이 들이닥치는 순례객들을
감당치 못하여 뽕나무를 잘라 재목으로 팔아버렸다고 한다.

셰익스피어의
뽕나무

셰익스피어는 스트랫퍼드Stratford upon Avon 고향 집 마당에 뽕나무
를 심었다. 2,000년 전 로마 제국에서도 뽕나무를 가로수로 장려
했다. 뽕나무는 서울의 아파트 단지 안에도 있고, 창덕궁 안에도
있다. 서울시 지방기념물 1호가 '잠실리 뽕나무'. 지금 서초구 잠
원동 아파트 단지 안에 있다. 조선 시대부터 이 일대는 뽕나무 밭
이었고, 이후 양잠업 원자재 확보를 위해 뽕나무를 가꾼 땅이 잠
실이다. 서울 강남이 개발되기 전 서초구 잠원동과 송파구 잠실
동이 모두 경기도 시흥군 잠실蠶室이었다. 창덕궁의 뽕나무는 수
령이 400년인데 아직 건재하다. 민간은 물론이고 심지어 궁궐에

까지 누에를 기르는 뽕나무를 심은 것을 보면 양잠은 국가가 장려하는 주력 산업이었던 것이 분명하다. 왕실 여성들이 뽕잎을 따는 일, 친잠親蠶이라는 단어도 이 사실을 뒷받침한다. '잠蠶'은 '누에 혹은 누에를 치다'는 뜻이다.

영국 왕 제임스 1세는 실크 산업 보호를 위하여 땅을 어느 면적 이상 갖고 있는 지주와 저택 소유자에게 뽕나무를 심도록 강제했다. 중국에서 들어오는 비단을 대체하기 위한 정책이었다. 16세기 말~17세기 초 셰익스피어의 뽕나무 역시 영국 산업 정책에서 유래한다. 그래서 런던에서 대성공한 극작가 셰익스피어도 말년을 보낸 스트랫포드 고향 집에 뽕나무를 심었다. 그런데 셰익스피어 집의 새 주인이 들이닥치는 순례객들을 감당치 못하여 뽕나무를 잘라 재목으로 팔아버렸다고 한다. 셰익스피어가 직접 심었다는 뽕나무의 가지를 꺾어 가는 여행객들에게 지쳐 아예 나무를 잘라버린 것이다. 1750년경, 얼추 셰익스피어 사후 150년이 지나서 일어난 사건이다. 그 재목을 인근 가구 제조업자가 구매하여 지금도 유명한 '셰익스피어 뽕나무 가구'로 남았다. 셰익스피어 뽕나무의 전설은 자꾸 부풀려져서 셰익스피어 뽕나무로 제작했다는 다이닝 테이블, 사이드 테이블, 의자, 보석함, 장식용 메달을 합치면 서울 논현동과 을지로에 진열된 가구 수량보다 적지 않을 것이다.

뽕나무는 수형이 근사하거나 꽃이 눈에 띄게 화사하지도 않다. 집 뜰이나 정원에 관상수로 심을 만한 나무가 아닌데도 아직 여기저기 남아 있는 것은 누에를 치기 위해 심었던 것이다. 잎은 누에가 갉아먹고 오뉴월에 열리는 열매 오디는 사람이 차지한다. 뽕나무는 참으로 인간과 함께한 나무다. 잎은 비단을 짜는 데, 열매는 식량 역할을 했고, 목재는 재목으로, 어느 것 하나 버릴 것이 없다. 종이는 중국 후한 시대 환관 채륜이 발명한 것으로 알려져 있다. 지금도 중국·한국·일본의 전통 종이한지는 닥나무나 꾸지나무 껍질로 만든다. 유독 섬유질이 길어 특별히 펄프재로 사용하기에 적합한 나무다. 모두 뽕나무과Moraceae다.

역사에서는 동서 실크로드 따라 문명을 교환했던 길, 그리고 문학에 언급되는 뽕나무 이야기도 깊다. 중국과 동남아에서 8,000~9,000년 전부터 실크 직조를 시작했고, 기원전 1000년의 이집트 미라에서 중국산 실크가 발견되었으니 비단길은 우리가 상상하는 이상으로 멀리 뻗어 있다. 기원전 1000년 이집트에서 중국 비단을 사용했으니 그리스 알렉산더 대왕의 붉은 비단포,

로마 시저의 *토가toga가 중국산 실크로 만들어졌음은 짐작하기 어렵지 않다. 시오노 나나미는 〈로마인 이야기〉에서 "내 사랑 율리우스"라며 시저의 의복과 파산할 지경의 사치스런 생활을 자세히 묘사했다. 로마사에서 일일이 추적해 쓴 글이다. 이렇게 실크로드를 통한 비단 고객이 이집트, 그리스, 로마에까지 형성되어 있었으니 중국에서 뽕나무를 얼마나 소중하게 가꾸었을까.

문학의 로미오와 줄리엣, 이 비극은 바빌로니아의 설화 '피라모스와 티스베'가 바탕이 되어 로마를 거쳐 중세 영국의 셰익스피어 희곡의 줄거리가 되었다. 부모의 반대를 이기지 못하여 가출한 피라모스와 티스베는 뽕나무 밑에서 자결한다. 피라모스는 티스베가 죽은 줄 알고 자결하고, 티스베는 피라모스가 죽은 것을 보고 따라 죽는다. 그 이후 뽕나무 열매가 붉은 핏빛으로 변했다는 전설을 남겼다. 바빌로니아의 '피라모스와 티스베'의 사랑 이야기는 그리스와 로마를 거쳐 중세 유럽 대륙에서 비련의 민속 이야기로 전해지고 있었다. 이것을 셰익스피어가 "옛날 옛적에 베로나에서…" 하며 이탈리아에서 일어난 이야기로 만들었다.

....

* 토가 : 로마인들이 입었던 긴 겉옷.

줄리엣이 죽은 체했고, 이를 본 로미오가 따라 죽고, 깨어난 줄리엣은 로미오의 주검을 발견하고 같이 죽었다. 똑같다.

우리 문학에는 나도향의 단편 소설 〈뽕〉이 있다. 영화로도 만들어졌고, 우리말에서 뽕은 에로틱의 은유다. 나도향의 뽕이 성적 유희의 공간이나 소재일까. 아니다. 나는 이 소설에서 뽕나무가 어떻게 우리 삶 속에 절절이 들어와 있었는지를 알았다. 실크로드의 뽕나무, 셰익스피어의 뽕나무, 영화에 등장하는 뽕나무가 밖의 사건이라면, 나도향의 뽕은 뽕잎을 따야 하는 여인의 헌신이다. 뽕나무는 생계의 나무다. 주인공은 뽕잎을 따서 누에를 치며 30원을 벌었을 뿐이다. 누가 이 여인에게 돌을 던질 수 있을까.

〈삼국지: 제갈량전〉에도 뽕나무가 있다. 제갈량이 후주後主 유선에게 올린 글을 보면 "신은 뽕나무 800그루와 밭 15경을 남겼으니 후사는 걱정하지 않습니다"라고 적었다. 촉나라 최고 실력자 승상 제갈량이 가족에게 남긴 재산 목록이다. 사천성의 촉나라는 비단 수출에서 얻은 자금을 전쟁 비용에 충당했다고 한다. 전략가 제갈량은 촉의 비단 산업을 정비한 행정가였다.

몇 년 전 영국 런던에서 분에 넘치는 호텔에 투숙한 적이 있다.

가까운 친구가 유럽의 슈퍼 럭셔리 호텔의 최고 책임자로 부임한 후 나를 초대했다. 내가 묵은 객실에는 여러 가지 상품을 진열해놓고 팔고 있었는데, 그중에 잼이 있었다. 와일드 멀베리 잼Wild Mulberry jam. 야생 산山오디 잼이었다. 뽕나무의 붉은 열매, 오디. 오디를 채집하여 고급 잼으로 만들었다.

우리 집 앞 산여울 따라서도 띄엄띄엄 예닐곱 그루 뽕나무가 있다. 매해 유월이면 핏빛 열매가 치렁치렁 열리는데 아무도 챙겨 따지 않는다. 강원도에서도 따지 않는 뽕나무 열매를 영국인들은 잼으로 만들어 고급스럽게 포장하여 세계적 럭셔리 호텔 체인에서 유기농 식품으로 진열한다.

영국의 알려진 패션 브랜드 멀버리Mulberry. 공항 면세점에서, 런던 거리에서 만나는 멜버리의 상표가 바로 뽕나무다. 대양과 대륙을 횡단하며 벌크선으로, 콘테이너로 나무를 사고파는 나무쟁이의 이력으로 소나무는 파인Pine, 참나무는 오크Oak, 물푸레나무는 애시Ash, 자작나무는 버치Birch로 우리말과 영어 구별 없이 익숙한데, 뽕나무와 멀베리가 연결되기까지 수십 년이 걸렸다. 잠실을 지나친 적은 셀 수도 없건만. 런던의 멀베리에 주눅 들었다가 정신을 차리니 뽕나무가 보였다. 야생의 뽕나무는 10미터 이상

자라 건축재로 이용하기에 모자람이 없다. 소나무보다 단단하고

잘 썩지 않는다.

르네상스 시대 식물학자이자 예술가 데이비드 캔델의 목판화.
오디가 가득 열린 뽕나무 아래의 비극을 담고 있다.

비올레타는 동백꽃 없이는 노래하지 못하고,
샤넬 동백꽃의 고혹은 온 세계의 여심을 홀린다.
전차 안의 동백 아가씨에 넋이 나간 타고르 시의 주인공은
나와 그녀가 다른 신분인 것을 알았을 때
동백꽃만 가리킨 채 캘커타로 돌아간다.

동백의
여인들

베니스에서 출발한 밀라노행 기차. 객차에 들어왔는데 순방향으로 지정된 내 자리를 웬 여인이 차지하고 있었다. 객차가 텅 비어 있길래 그냥 맞은편 자리에 앉는데, 이 친구 미동도 하지 않는다. 내 심사와는 상관없이 기차는 달려가고, 내 자리를 차지하고 있던 여인이 내 손에 들린 책을 보더니 마주 앉은 여행자의 사색을 깨뜨렸다. 들뢰즈를 읽고 있었을 것이다. "어디서 오셨나요?" 마주 앉은 사람이 내 행적을 묻는다. "한국에서도 들뢰즈를 읽나요?" 쳐다보니 상대방도 나처럼 포켓북을 들고 있었다. 표지에 레오나르도 다 빈치 'uno[1권]'라고 인쇄되어 있는 것을 보니 아마도 이탈리아 사람인 듯했다. 이야기가 오가는 기찻길 옆으로는 동백꽃이 줄을 잇고 있었다. 역사 밖으로 한 발짝 내밀기가 무서웠던 이탈리아의 뜨거운 5월, 무슨 동백이 이 더운 날 기찻길 옆으로 피어 있을까.

"저 꽃 이름이 뭐지요?" 줄지어 나타나는 빨간 동백꽃에 두 사람의 시선이 겹쳐졌다. 물론 내 앞에 앉아 있는 이탈리아 여인은 아시아에서 온 이 여행자가 동백꽃, 동백나무 이야기를 목적지에 도착할 때까지 풀어나갈 수 있는 나무 이야기꾼인지는 알 리가 없다. 내가 대답했다. "카멜리아." 속으로는 '이태리 친구야, 카멜리아 레이디^{동백 아가씨}가 나오는 〈라 트라비아타〉도 모르느냐?'고 하면서…. 지금 생각해보니 앞자리의 여인은 여행자가 〈라 트라비아타〉를 모를 수 있으니, 배려하여 꽃 이름을 영어로 물어본 것 같기도 하다.

지금은 그냥 '라 트라비아타'라고 지칭하지만, 한때는 앞뒤 없이 '오페라 춘희'라고 했던 시절이 있었다. 일본식 한자 '춘희^{椿姫}'가 '동백 아가씨'라는 것을 나중에 알았다. 베르디가 뒤마의 소설 〈카멜리아 레이디^{La dame aux camellias 동백꽃을 든 여인}〉를 오페라 〈라 트라비아타〉로 각색했고, 소프라노 여자 주인공이 바로 동백꽃 아가씨 비올레타다.

일본에서 태평양 바닷가로 널브러지게 펼쳐진 동백 숲을 봤을 때 '이것 남해 여수와 똑같잖아'라며 당황했던 대한민국 신사가 밀라노 기찻길에서 똑같은 붉은 동백꽃을 본다. 이제 여행 커리어가 쌓일 만큼 쌓인 신사는 동백꽃이 제 꽃말을 드러내어 '내 사랑을 받아주세요' 하듯 빤히 쳐다보아도 담담한 초로의 경지가 되었다.

멀리 이탈리아까지 왔으니 이웃 프랑스의 동백꽃도 떠오른다. 프랑스의 동백은 단연 샤넬이다. 시커먼 안경에 풀 먹인 셔츠 깃 세우고 다니는 괴기한 모습의 아트 디렉터 칼 라거펠트만 빼고 '샤넬'은 정말 아름다운 브랜드다. 물론 그의 고집이 있어 샤넬의 정신이 지금도 이어지고 있지만. 2014년 동대문디자인플라자에서 열렸던 샤넬 주최의 전시 〈장소의 정신〉을 보니 코코 샤넬이 살아 있을 때 이미 지금의 샤넬 의상, 가방, 액세서리 뼈대가 다 완성되어 있었다. 큰 줄거리에서 샤넬의 정신은 예나 지금이나 변한 것이 없더라는 것. 더구나 샤넬 여사의 가족 관계, 출신, 교육 배경을 보니 이분이 바로 아방가르드다. 도전과 혁명의 일생이었다. 생전에 거주하던 파리의 아파트가 사진, 방송, 영화에서도 소개되어 눈에 익숙해졌는데, 실내엔 유독 동백꽃 장식이 화사하다. 동백꽃은 코코 샤넬 브랜드의 시그니처 플라워다. 샤넬 여사의 개인적 취향을 반영하여, 그녀를 상징하는 꽃이 바로 동백꽃이다. 샤넬 부티크의 거의 모든 제품엔 온통 동백꽃이 달려 있다. 모자에 목걸이에 장식에 핀과 브로치에….

동백나무의 용도를 이야기하자면, 19세기에 유럽을 휩쓸었던 일본 바람, *자포네스크Japonesque를 거론하지 않을 수 없다. 그중 빼놓을 수 없기로, 일본 당대의 풍속과 풍경을 그린 전통 판화 *우키요에浮世繪가 있다. 19세기 서양 미술사에서 자포네스크는 특히 인상파 회화에 많은 모티프를 주었다. 모네도 큰 영향을 받았다 하고, 특히 반 고흐의 작업에는 우키요에 모작이 많다. 심지어 귀 자르고 붕대 감은 반 고흐의 「자화상」 속, 뒤쪽 벽면에도 우키요에가 걸려 있다. 암스테르담의 반 고흐 뮤지엄에도 고흐, 테오 형제가 컬렉션한 우키요에가 있다. 가난했던 고흐가 이렇게 쉽게

....

* 자포네스크 : 유럽에 영향을 미친 일본 문화 예술, 특히 19세기 프랑스를 중심으로 일본 판화 우키요에의 영향을 받은 미술 사조.

* 우키요에 : 에도 시기(18~19세기)에 풍경, 민속, 춘화를 주제로 한 목판화.

소장한 걸 보면, 우키요에는 당시 싸게 팔리는 미술 작업이었을 거라는 짐작도 된다. (우키요에는 일본에서 유럽으로 수출하는 일본 제조 상품의 포장지로도 쓰였다고 한다.) 우키요에는 오랫동안 건조한 동백나무 판재에 새겨 인쇄하듯 찍어낸 판화다. 동백나무는 질기고 단단한 수종이어서 판화의 밑판으로 애용되었다. 한반도에선 남녘 온화한 지역에서만 자라는 동백나무가 다습한 해양성 기후의 일본에서는 대부분 지역에 자생하니 재목감으로 쓸 큰 나무가 있었던 모양이다. 동백나무의 학명이 Camelia Japonica인 것으로 보아 일본이 원산지일 수도 있겠지만 우리나라, 중국에서도 많이 자란다. 유럽에는 17세기 체코슬로바키아 선교사 케멜Kemell이 동아시아에서 수집해 전파했다고 한다. 동백나무의 영문 표기인 'Camellia'는 바로 'Kemell'의 이름에서 유래했다.

동백 아가씨는 한국, 일본, 프랑스에만 있었던 게 아니다. 인도에서는 시성 타고르가 소설만큼 긴 시 「카멜리아」를 썼다. 인도에서는 이 시를 현대에 맞추어 해석하고 낭독하는 모임도 있다. 벵골어로 쓰인 타고르의 시 「카멜리아」는 영어로 번역되어 있다.

동백꽃이 그녀의 이름인 것을, 나는 그녀가 가지고 있는 책 표지에서 보았지. 그녀는 전차를 타고 오빠와 같이 학교를 가네. 나는 그녀 뒷자리에 있었고 그녀 옆모습의 완벽한 선이 보였네. 어깨 위엔 부드러운 머리 가닥이 흩어져 있고 그녀 무릎 위에는 책들과 노트. 내가 가야 할 곳에서 나는 내릴 수가 없었지.

- 타고르, 「카멜리아」

동백꽃은 동서양 할 것 없이 아주 치명적인 상징성을 띠고 있다. 오페라 〈라 트라비아타〉에서 비올레타는 동백꽃 없이 노래하지 못하고, 샤넬 동백꽃의 고혹은 온 세계의 여심을 홀린다. 전차 안의 동백 아가씨에 넋이 나간 타고르 시의 주인공은 나와 그녀가 다른 신분인 것을 알았을 때 동백꽃만 가리킨 채 캘커타로 돌아간다.

레오나르도 다 빈치 1권을 가지고 내 앞에 앉아 있는 여인은 이탈리아인의 개성을 보여주듯, 객차 안은 상관도 하지 않고 앞의 여행자와 이야기하는 중에도 걸려온 모바일 폰으로 요긴한 업무를 다 처리한 듯하다. 알아듣지 못했지만 그녀의 전화 통화에서

'비엔나르레, 비엔나르레'가 들렸고, 나는 라 스칼라극장의 〈라 트라비아타〉 저녁 공연 시간에 맞추기 위해 기차가 밀라노 중앙역에 도착하기도 전에 짐을 챙겼다. 그녀는 내 자리에 앉은 채로 토리노까지 간다고 했다. *차오!

....

* 차오(ciao) : 이탈리아의 인사. 영어의 굿바이를 대신하여 이제 독일, 스페인 등 서유럽에서도 통용된다.

"하늘의 달빛에 전나무가 빛나는데
하물며 하나님이 함께하는 인간은 얼마나 빛날 것인가?"
라면서 홀리 나이트에 전나무 장식을 했는데,
이것이 크리스마스트리의 기원이 되었다고 한다.

크리스마스트리는
구상나무

12월, 중동의 바람이 차가웠다. 20대 왕성한 기운으로 중동·아프리카를 뛰어다녔을 때다. 카이로와 암만이 스산하다면, 사우디아라비아의 수도 리야드는 칼바람이었다. 한겨울 사막의 도시에 나무를 팔러 갔다가 크리스마스 즈음 바레인에 머물게 되었다. 두바이가 황량한 작은 어촌에 불과했던 시절이다. 당시 중동 지역에서 가장 흥청거리던 바레인은 12월의 날씨도 경기만큼이나 온화했다. 풀 한 포기 자라지 않는 사막의 나라는 길 따라 조경수로 심어둔 야자수에 수만 수천 개의 전구를 꽃처럼 달고 밤거리를 환히 밝히고 있었다. 에너지를 절약해 석유 수입을 줄이자며

온 나라가 '한 집 한 등 끄기' 운동을 하고, 길거리 네온사인도 제대로 밝히지 않던 1970~80년대 초, '캄캄한 나라'에서 간 젊은 이는 꽤나 어리둥절했다. 그 기억 때문인지 크리스마스트리 하면 중동의 부국에서 만난 밝고 밝은 가로수 트리 조명이 떠오른다. 당시 중동 지역은 지금처럼 긴장되거나, 여행 금지 혹은 경계 지역이 아니었다. 길손에게 언제나 커피나 차, 물을 내놓던 따뜻한 사람들의 나라였다.

크리스마스트리의 유래를 두고 의견이 분분하다. 크리스마스트리는 당연히 기독교와 관련이 있고, 또 나무를 성물화하고 전나무^{Fir}에 장식하는 것으로 보아 독일 지역에서 비롯되었을 것이라고 한다. 기독교화되기 전부터 게르만인들은 전나무를 신성시했다. 독일 구전에 따르면 종교 개혁가 마르틴 루터가 크리스마스이브에 숲을 걷다가 캄캄한 밤, 달빛에 전나무가 빛나는 것을 보며 "하늘의 달빛에 전나무가 빛나는데 하물며 하나님이 함께하는 인간은 얼마나 빛날 것인가?"라면서 '홀리 나이트^{Holy night}'에 전나무 장식을 했는데, 이것이 크리스마스트리의 기원이 되었다고 한다. 루터의 고향인 작센 안할트 주는 독일의 숲 슈바르츠발트^{Schwarzwald 흑림이라는 뜻}로 유명하다. 그도 숲의 사람이 분명하며 그 숲은 온통 전나무로 덮여 있었을 테고.

소나무과의 상록수인 전나무가 독일 민속에서 특별히 사랑받은 것은 그들의 민요 「오 전나무O Tannenbaum」에서도 알 수 있다. 19세기 초 작곡가 안쉬츠가 독일 민요를 변곡한 것이다. 이것이 영어 「크리스마스 캐럴O Christmas Tree」로 번안되었다. 우리가 "소나무야 소나무야 언제나 푸른 그 빛"이라며 우리 노래처럼 부르는 그 캐럴이다. 연말이면 빈 소년합창단이 청아한 소리로 들려주는 "O Tannenbaum, O Tannenbaum"에서 탄넨바움은 전나무다. 그러니 "전나무야 전나무야, 언제나 푸른 그 빛"이라고 해야 맞다. 실제 전나무는 소나무보다 잎바늘이 두텁고 푸른빛은 짙다. 월정사나 내소사를 들어가며 보았던 쭉쭉 뻗은 전나무를 기억해보라.

크리스마스트리에 관해서는 우리나라에도 손꼽을 만한 수종이 있다. 제주도의 구상나무다. 학명이 Abies Koreana인 구상나무는 유럽과 미국의 크리스마스트리 시장에서 Korean Fir 한국산 전나무로 팔리고 있다. 20세기 초 영국인 윌슨이 동아시아를 탐사하며 제주도의 구상나무 종자를 가져가 학계에 보고한 기록이 있다. 이국의 구상나무를 추운 데서 잘 자라는 정원용 상록수로 개량했는데 잎, 솔방울, 수형이 아름다워 특별히 사랑받고 있다. 특별히 크리스마스트리로 맞춤한 한국산 전나무는 귀엽고 작은 미니어처 정원수가 되어 있다. 제주도의 기상 있는 구상나무가 미국과 캐나다에서 '애완 전나무'로, 그것은 육종이 아니라 요술로밖에 보이지 않는다.

크리스마스트리 이야기에 괴테와 앨버트 공을 빼놓을 수 없다. 두 사람 모두 게르만인독일인이다. 또 지역으로는 스트라스부르를 언급해야 한다. 스트라스부르가 속해 있는 알자스 지역은 알퐁스 도데의 소설 〈마지막 수업〉의 배경이 된 곳으로, 이곳에는 16세기에 이미 크리스마스트리용 나무 시장이 있었다고 한다. 스트라스부르 지역은 신성 로마 제국 이후 바람개비같이 프랑스와 독일이 번갈아 점유했던 곳이다. 이 지역 사람들은 프랑스인은 독일어를, 독일인은 프랑스어를 적당히 알아듣는다. 산책하며 도로를 가로지르면 독일이고, 넘어오면 프랑스다. 괴테가 〈젊은 베르테르의 슬픔〉을 쓴 것도 스트라스부르 여행 직후였다. 나폴레옹도 전쟁터에서 읽었다는 이 소설에 크리스마스트리가 등장한다. 바로 샤르로테의 크리스마스트리다. 크리스마스 시즌에 베르테르가 그녀의 집 안으로 들어섰다.

"마지막으로 삽입한 편지를 베르테르가 자기 친구에게 쓴 바로 그날. 그날은 크리스마스를 앞둔 일요일이었는데, 그는 저녁에 로테에게 왔습니다. 그녀는 혼자 있었습니다. 마침 어린 동생들에게 주려고 크리스마스 선물로 준비해둔 장난감들을 정리하고 있었습니다. 베르테르는 아이들이 참으로 기뻐하겠다며, 초와 설탕, 과자, 사과 등으로 장식된 크리스마스트리가 나타나 천국에라도 간 듯 황홀해지곤 했던 시절에 관해서 이야기했습니다."

- 괴테, 〈젊은 베르테르의 슬픔〉

로테는 베르테르에게 크리스마스이브까지는 집으로 찾아오지 말라고 당부한다. 다음 날 또 찾아가 방 안으로 들어간 베르테르가 로테에게 건넨 말은 "아듀 샤르로테, 아듀 포에버". 처절한 안녕이었다. 이 장면은 베르테르가 로테에게 쓴 마지막 편지보다 더 날카롭다. 베르테르가 생을 마감한 날은 크리스마스이브였을 것이다.

우리나라의 유명한 크리스마스트리는 경기도 김포시 휴전선을 바라보는 애기봉과 서울시청 앞 서울광장의 크리스마스트리다. 제2차 세계대전과 한국전쟁 후 냉전 시대를 상징하던 애기봉 크리스마스트리는 매년 12월이면 뉴스를 통해 점등식을 알렸다. 사랑과 평화를 전하는 남녘 애기봉의 크리스마스트리 조명은 미국의 영향력과 기독교의 확장으로 해석되기도 했다. 과거 그리 밝지 않았던 서울 도심의 밤을 밝히던 서울광장의 크리스마스트리도 장관이었다. 차가운 연말의 환한 조명은 우리를 잠깐이나마 훈훈하게 해주던 공공 장식물 역할도 했고. 언제부턴가 트리 위에 별을 장식하지 왜 십자가를 세웠느냐며 각계각층에서 논쟁 중이기도 한데, '하늘에는 영광 이 땅에는 평화'를 나타내는 크리스마스트리가 갈등을 야기하는 조형물이 되어버린 셈이다.

반면 평화의 정신이 담긴 속 깊은 크리스마스트리가 있다. "무한한 예수의 사랑을 실천하고 우리 모두 예수가 되자"는 조계종 총무원장의 메시지가 담긴 조계사 앞 크리스마스트리다. 크리스마스트리를 세우며 예수를 모셔버린 불교 사원. 세계 어디에 이런 크리스마스트리가 있을까. 대승을 내세우는 한국 불교다. 갈등과 분열로 점철되어온 한국 사회에 그래도 꺼지지 않는 사랑과 관용이 질기게 남아 있음을 서울 조계사의 크리스마스트리에서 본다. 기독교도가 건국한 미국에서조차 언제부턴가 크리스마스 대신 홀리데이라는 단어를 사용하고 있는데 말이다. 청교도의 유산이 시퍼렇게 살아 있는 보스턴에서도 공식적으로는 크리스마스트리 대신 홀리데이 트리라고 부른다. 물론 타 종교를 배려한 용어이다. 그런데 대승 한국 불교는 크리스마스트리로 용어와 상징도 훌쩍 뛰어넘는다.

크리스마스트리를 세계의 트렌드로 만든 주인공은 앞서 말한 독일계 앨버트 공이다. 그는 빅토리아 여왕과 윈저 성에 살며 독일의 문화와 방식도 많이 가져왔는데, 1840년대 〈일러스트레이티드 런던 뉴스〉에 앨버트 공과 빅토리아 여왕, 그 자녀들이 크리스마스트리를 두고 함께 모인 삽화가 실렸다. 게르만 풍속을 얕잡아보던 영국인들도 앨버트 공을 매우 사랑했던가 보다. 아내 빅토리아 여왕과 영국 국민이 사랑했던 독일 하노버 출신 앨버트 공의 크리스마스트리 장식이 영국과 영연방, 미국으로 차츰 퍼져나갔다. 런던 앨버트홀은 빅토리아 여왕이 남편 앨버트 공을 기념한 건축물이다. 빅토리아 시대, 해가 지지 않는다는 대영 제국의 전성기였다.

〈크리스마스 캐럴〉을 쓴 찰스 디킨스도 앨버트 공의 크리스마스트리를 잘 알고 있었을 것이다. 또 디킨스는 영어에 서툴렀던 앨버트 공이 영국을 이해하는 데 여러 모양으로 도움을 주었다고도 한다. 독일의 전나무가 크리스마스트리의 유래가 되었고 제주도산 전나무인 구상나무도 세계인의 사랑을 받고 있다. O Tannenbaum, 전나무여 전나무여.

1848년 〈일러스트레이티드 런던 뉴스〉에 실린
윈저 성의 크리스마스트리 삽화.

석가모니는 무우수 아래서 태어나셨고
보리수 밑에서 깨닫고 두 그루 사라수 그늘에서 열반하였다.
사라수는 밤나무의 일종인데 원효 대사도 밤나무 아래서 태어났다고
〈삼국유사〉는 전한다.

보리수
오해

미국에서 만든 피나무 마루판을 수입했을 때다. 미국산 제품이 맞나 싶을 정도로 마감이 훌륭했고 섬세한 표면과 색깔이 최고급 이탈리아산을 방불케 하였다. 버지니아 주에서 제조하였는데 미국산 피나무^{Basswood}였다. 고가의 제품이라 서울 강남에 있는 딜러 몇을 불렀다.

"피나무입니다. 피나무는 무른 나무인데 표면에 색이 잘 먹어 이렇게 마감이 선명합니다. 장식용으로 어떤가요?" "그럼 독일 회사의 카탈로그에 있는 피나무^{Lindenbaum}와 같은 나무네요." "그렇습니다. 슈베르트 「겨울나그네」의 린덴바움이 바로 피나무입니다."

탁월하게 건축 자재를 팔아 치우던 강남의 딜러는 "린덴바움, 보리수, 부처님의 나무 아니냐? 보리수면 되었지, 따질 필요가 없다. 누가 보리수를 구해 오겠느냐?"면서 당장 미국에서 피나무를 수입해 달라고 부탁했다.

몇 년 전 친구들과 전라남도 장성의 백양사를 찾았다. 진입하는 응달 길의 잔설과 빙판이 참배하는 이를 긴장시키는 이른 봄이었다. 며칠의 남도 여행 마지막 일정, 간밤의 숙취가 아직 남아 있었지만 대웅전을 나오면 모든 게 끝이 않은가. 마당에 내려오자 부처님 가피加被 부처님으로부터 이로운 힘가 칼바람이 되어 철썩 몰아쳤다. 모두 황급한 걸음을 옮기는데, 누군가 뜰의 나무 한 그루에 눈을 준다. 여행의 길라잡이 형이 "내촌, 3분 이내에 '보리수'를 요약 설명하시지?" 하며 나를 지명했다. 그는 전직 방송인, 다큐멘터리 제작 전문가였다.

백양사의 보리수는 중국에서 넘어온 보제수菩提樹다. 우리 사찰에 심은 보리수를 부처님의 나무로 알고 있는 이가 많은데 인도의 보디수Bodhi와는 아무런 상관이 없고, 발음만 같은 중국 나무다. 인도의 아열대 보디수가 중국의 중원 지역에서는 자랄 수 없다. 그래서 인도 보디수와 가장 비슷한 잎과 열매를 가진 중국 나무가 석가모니 부처님의 보디수가 되었다. 부처님 보리수는 산스크리트어 음으로 '보디Bodhi' 혹은 보Bo나무. 이 보디나무Bodhi tree를 중국에서 보제수중국어 발음으로 보디수로 음차한 것이다. 한국과 일본에서는 중국의 보제수가 들어와 보리수가 되었다.

불교가 유입된 후한 시대 중국에서 '보제수'라고 적힌 불경이 한반도로 넘어왔는데 동방 예의의 나라에서 저속한 발음을 용납할 수 없었는지 '보제'를 '보리'로 읽었다. 산스크리트어 보디 Bodhi가 중국 한자 보제菩提로, 다시 우리나라에서 보리로 변했다. 한자를 차용하여 이렇게 음을 바꾼 경우가 더러 있다. 불교에서 시방삼세十方三世는 온 세계를 뜻한다. 누구도 독음대로 '십방삼세'로 발음하지 않는 것과 맥락이 같다. 중국의 보리수는 염주 알이 열매로 열리니 '염주나무'로도 불린다. 더구나 염주까지 열리니 서사가 그럴듯하다.

그런데 더한 혼동이 있다. 이 땅의 토종 보리수다. 화사한 늦가을 앵두 같은 모양으로 빨간 열매가 열리는 나지막한 나무를 골프 리조트에서 종종 볼 수 있다. 쌉쌀한 신맛만 받히지만, 야외에서 운동을 하면서 보리수 열매라니 모두 몇 알씩 입안에 움켜 넣곤 한다. 이 나무도 보리수다. 우리 식물도감에 보리수나무과로 분류되어 있다. 식물 분류로 인도의 보리수는 콩과의 활엽 교목이고, 중국의 보리수는 피나무과다. 보리수로 불리는 각기 다른 나무다.

나의 보리수 이야기는 백양사 찬 바람에 고개를 들 수 없던 우리 일행의 어깻죽지를 더 처지게 했다. 감히 고찰의 보리수를 평설評說했으니. 어차피 부처님 보리수의 외경을 깨트린 마당에 이야기를 이어 갔다. 중국의 보리수는 우리나라 찰피나무와 흡사하다. 오랜 남벌로 피나무 보기도 이제 어려워졌는데 한때 바둑판을 피나무 원목으로 만들었을 정도로 생활에 친숙한 나무다. 대동여지도 목각판도 피나무로 만들었다. 최근 발견된 돈의문西大門 현판도 피나무로 밝혀졌다. 피나무는 뒤틀리지 않고 아주 부드러운 물성을 지닌 나무여서 조각할 때나 장식재로 사용하기에 적절한 수종이다. 단단한 것, 무른 것, 가벼운 것, 물에 잘 썩지 않는 특성 등 고유의 특성에 따라 나무의 용도가 다르다. 새로 단 광화문 현판이 몇 개월 만에 거북 등짝 갈라지듯 벌어진 것을 보고 아연실색하였는데, 건축 기둥 보와 도리 쓰임새의 나무를 현판으로 사용하는 대목장의 용맹 앞에서 입을 다물 수밖에.

우리 조상들만 피나무를 적절하게 사용한 게 아니다. 르네상스 이전, 직물 캔버스가 등장하기 전에는 피나무 목판에 회화를 그렸다. 피나무와 함께 참나무, 전나무, 포플러도 캔버스로 애용되던 나무다. 레오나르도 다 빈치는 「모나리자」를 포플러 나무 패널 위에 그렸다. 독일과 슬라브 지역의 나무 캔버스는 대부분 피나무였다. 정교회에서는 성상聖像을 피나무로 제작했다. 동유럽인과 슬라브 민족에게 피나무는 우리 불교도들이 보리수를 성스러운 나무로 여기듯 그들의 신단수였다.

2014년 인도 정부에서 한국-인도 양국 친선을 위하여 보드가야의 부처님 보리수 묘목을 한국 산림청으로 보냈다. 지금 임업시험연구소 온실에는 보드가야에서 온 인도 보리수가 자라고 있다. 석가모니 부처님을 지켜보았던 그 나무의 직계 후대는 스리랑카 아나라푸다에 있는 보리수다. 이 보리수가 있는 스리 마하보디사원은 불교도 최고最高의 성지로 손꼽는다. 아쇼카 왕이 보드가야 보리수의 가지를 스리랑카 포교를 위해 보냈다고 전한다. 무려 2,200년 세월을 견뎌온 불교의 성수聖樹다.

불교야말로 나무와 뗄 수 없는 종교다. 불경에 수하樹下에서 말씀하셨다는 표현, 즉 '석가 세존께서 나무 아래에서 설법하셨다'

는 표현이 많다. 석가모니는 무우수無憂樹, Sorrowless Tree 아래서 태어나셨고 보리수 밑에서 깨닫고 두 그루 사라수娑羅樹 그늘에서 열반하셨다. 사라수는 밤나무의 일종인데 원효 대사도 밤나무 아래서 태어났다고 〈삼국유사〉는 전한다.

인도 정부에서 보낸 인도 보리수.
산림청 온실에서 4년을 키운 2018년 모습이다.

2 장

이탈리아 와인은
포플러에 실려 온다

롤스로이스와 마세라티는 마호가니, 로즈우드 등
열대 지역의 나무에다 북반구의 호두나무, 느릅나무까지 사용하고 있는데
임학 전공자들이나 인테리어 디자이너들이 롤스로이스에서 아프리카와
라틴 아메리카산 나무를 공부해도 될 정도다.

명차 속에
나무가 있다

오륙 년 전 이탈리아에서도 톱 브랜드로 이름 높은 자동차 회
사 CEO가 신차를 출시하면서 한국을 방문했다. 한 매체와의 인
터뷰에서 그가 설명하는 자동차의 제작 과정이 나를 사로잡았다.

목재를 극도로 정밀히 가공하며 다루는 분야는 단연 악기를 제
조하는 공정이다. 악기에 비하면 가구와 건축에서 목재를 다루
는 솜씨는 오히려 거칠다고 할 수도 있다. 그런데 자동차 내장에
사용하는 목재의 선별, 가공 과정, 최종 마감 처리에 대하여 그가
언급하는 것이 마치 오랜 목재 장인이나 바이올린, 첼로 등의 현
악기를 만드는 마스터 같았다. 자동차 회사의 CEO란 첨단 공학

이 낮은 스피드와 안전성, 시장 점유율, 마케팅이나 환경 문제, 이런 토픽을 얘기하는 자들 아닌가.

이탈리아 자동차 회사 CEO의 인터뷰를 보고 화들짝하여 내 차부터 살펴보았다. 이탈리아산과 다른 개념의 내 RV 내부에도 나무 무늬는 내장되어 있었다. 호두나무였다. 정확히는 호두나무 무늬가 정교하게 인쇄된 '플라스틱 필름'이었다. 이탈리아 슈퍼 럭셔리 카에 내부 마감재로 사용한 고급 나무가 내 차 내부에 장식되었을 리가 없다. 비교하면 내 차는 경제적이며 대중적인 자동차이기 때문이다. 그러니 아무 불만이 없다.

나무로 마차를 만들던 조상의 헤리티지를 물려받은 것인가. 초기 자동차 형태는 말이 끌던 마차의 꼴을 하고 있었다. 그래서인지 지금도 자동차의 힘power은 마력horse power으로 표시하며, 마차의 형태에 따른 카브리올레Cabriolet, 쿠페Coupe, 왜건Wagon, 코치Coach, 리무진Limousine이 자동차의 종류를 구분하는 이름으로 고스란히 남아 있다.

카브리올레는 지붕을 접을 수 있는 마차였으니 컨버터블개폐이 가능한 차 이름으로 남았고, 문이 양쪽으로 두 짝인 마차가 쿠페다. 왜건은 곡식이나 화물을 싣는 마차였고. 리무진은 마부의 자리가 지붕이 없는 바깥에 고정되어 있고 실내에 여러 사람의 자리가 있는 긴 마차였다. 카브리올레, 쿠페, 리무진은 모두 프랑스에서 영어권으로 넘어가 독일에서도 또 미국에서도 자동차 종류 이름으로 굳어졌다.

19~20세기 초, 자동차의 태동기에는 차체를 나무로 만들었다. 마차에다 말을 대신하여 내연 기관을 붙인 형태였다. 그러다 '신식 마차'의 속도 경쟁으로 사고가 빈발하고 이것이 큰 사회 문제로 대두하자 1906년 미국은 목재 차체 제작을 금지했다. 차체에 나무를 사용한 자동차 생산이 금지된 후 오히려 철판으로 만든 자동차 내부의 장식과 핸들에는 전보다 고급 목재를 쓰게 되었는데, 1950~60년대의 유럽과 미국에서 만든 빈티지 자동차에는 티크, 마호가니, 로즈우드 등 진귀한 목재를 많이 사용했다. 핸들 및 자동차 바닥, 심지어 창틀에까지. 그것도 지금처럼 얇게 켜서 쓴 것이 아니라 두툼하게 잘라 장식했다. 이런 열대산 목재를 미국과 유럽에서는 지금도 이국의 나무, '이그조틱 우드exotic woods'라고 부르며 고가의 나무로 분류하고 있다. 수입산을 더 고급한 취향으로 간주해온 오랜 인간의 모습은 어디서나 다르지 않은 것 같다.

하이브리드 자동차까지 질주하는 오늘날, 고급 자동차의 내장재에 사용된 나무에는 제조업체의 개념과 그들만의 아이덴터티가 드러난다. 목재를 전혀 사용하지 않는 람보르기니도 나름 인상적이다. 람보르기니는 목재 내장재가 없이도 그들의 이야기를 가지고 있다. 자동차 브랜드로는 고작 50년 정도의 비교적 일천한 역사를 가지고 있으나 속도를 자랑하는 람보르기니가 여타 클래식을 흉내 낼 필요는 없다는 것 아니겠는가. 영화 〈매트릭스〉에 주연급으로 등장하는 이 차의 내장에 진귀한 목재가 사용되지 않았다고 누가 슈퍼 카라고 하지 않겠는가.

독일의 메르세데스-벤츠, BMW, 아우디, 포르셰, 스웨덴의 볼보, 한국의 현대-기아, 일본의 도요타 그룹은 내장용 목재를 실용적으로 사용했다는 공통점이 있다. 이들은 내부의 장식으로 대시보드 주변의 전면부, 콘솔 박스, 측면에 무늬목의 이미지만 슬쩍 비칠 뿐이다. 내구성을 높이려는 하이글로시 첨단 도장으로, 어떤 나무 무늬를 사용했더라도 나뭇결을 인쇄한 플라스틱 필름이다. 이 그룹군은 나무 무늬도 아주 일상적인 수종을 선택했다. 참나무, 호두나무, 티크, 유칼립투스 등 가구나 건축 내장재 어디서나 볼 수 있는 무늿결을 썼다. 클래식한 브랜드와 다른, 이들만의 아이덴터티일 것이다.

　내장재에 실제 나무를 쓰는 브랜드가 있다. 롤스로이스, 벤틀리, 레인지로버를 비롯한 영국의 제조사들이다. 이탈리아의 마세라티도 그러하다. 롤스로이스와 마세라티는 마호가니, 로즈우드 등 열대 지역의 나무에다 북반구의 호두나무, 느릅나무까지 사용하고 있는데 임학 전공자들이나 인테리어 디자이너들이 롤스로이스에서 아프리카와 라틴 아메리카산 나무를 공부해도 될 정도다. 레인지로버의 나무 사용도 놀랍다. 전통적인 로즈우드, 티크, *지브러우드Zebrawood, 호두나무뿐 아니라 참나무, 단풍나무도 장식재로 사용한다. 가구와 악기 그리고 최고급 장식재를 만들 때 애용하는 단풍나무 중에서도 *버드 아이 메이플Bird's eye maple과 수수한 참나무를 함께 사용한 점도 무척 신선하다. 또 한정 수량만 생산한 레인지로버 얼티미트 에디션의 트렁크를 열어보니 탄복하지 않을 수 없었다. 티크 원목과 공예의 손길로 자동차 내부

....

* 지브러우드 : 아프리카산 흑단과 유사한 나무로 얼룩말 무늬가 특색이다.
* 버드 아이 메이플 : 단풍나무 중에서 뿌리 쪽에 아주 작은 구슬 같은, 새의 눈을 닮은 무늬가 맺혀 있는 종류를 말한다.

를 장식했다. 티크를 사용하여 전통적 요트의 데크를 재현한 것. 티크는 기름기를 머금고 있어서 물이 있거나 습기가 많은 부분에 사용하기 적절한 나무다. 레인지로버는 '아웃도어' 어떤 환경에서도 견딜 수 있게 제작했다는 것을 티크의 알레고리로 표시한 거다.

자동차의 내장재로 사용된 나무를 보며 나무쟁이인 나도 '어이쿠' 소리가 나오기는 역시 영국의 롤스로이스와 벤틀리다. 두 자동차 회사에는 별도의 목공 라인이 있다. 자동차 회사에 목공방이라니. 그들은 우드 숍wood shop이라고 소개한다. 롤스로이스는 자동차 생산 라인을 맨체스터에서 잉글랜드의 남쪽 굿우드Goodwood로 옮겼다. BMW가 롤스로이스를 인수한 후 굿우드에 새 공장을 지었다. 굿우드는 아름다운 지역이고 바다 쪽으로는 영국 전통 부자 동네의 위엄이 남아 있다. 동네 이름도 범상치가 않다. 영어 표현으로 'good wood선한 목재'는 '믿을 수 있는', '개인에 맞춘'이라는 뜻이 있다. 롤스로이스를 영국에서 독점으로 수리하는 정비 업체의 이름도 흥미롭다. P&A Wood. 21세기에 자동차 정비업체 이름에 우드라니, 엔진을 검증하고 기계와 전기 회로 기술자들만으로 롤스로이스를 고치고 정비할 수는 없는 모양이다.

이름 '우드'에서 짐작 가듯이 차량 정비업체에 목재 장인이 있다. 목재는 자동차의 주재료인 철, 알루미늄, 플라스틱, 합성 고무보다 한결 다루기 어렵고 예민하다. 어려운 과정을 거쳐 목재를 자동차 내부 장식재로 넣으면서 공예적 자부심까지 덧붙이기는 여간한 일이 아니다.

무료한 오후, 쿠페 한 대가 목공소로 막 들어온다. 금년에 입주할 새로 짓는 집의 서재에 놓을 가구를 맞추러 온 손님이다. 차종은 '롤스로이스 레이스 블랙배지'로 투 도어, 그러니 쿠페다. 속도를 즐기는 쿠페답게 내부 전면 대시보드만 나무로 장식되어 있다. 호두나무 뿌리 부분을 얇게 켜서 내장재로 장식했다. 파랗게 염색한 나무 뿌리Burl가 마치 사파이어가 실내에서 반짝이는 것 같았다. 이동 수단으로 등장한 자동차에 이런 고급 목재를 장식한 롤스로이스. 벤틀리도 그렇고, 이탈리아의 마세라티도 마찬가지다. 대규모 생산 라인에서 극도의 효율과 경제성을 추구하면서 100년, 200년 전 마차 시대의 나무까지 놓치지 않은 디테일이 놀랍다.

가솔린 자동차의 역사는 이제 겨우 110~120년 남짓 되었을 뿐인데 이 첨단 현대 기계 덩어리에 조상들이 마차에 사용하던 티크, 참나무, 마호가니로 장식하는 이유는 노스텔지어일까. 아니면 나무로 액막이를 하고 또 제사를 지냈던 원시 조상들의 모습이 남아 있는 것일까.

한편 나무의 맥락, 전통, 의미에는 무심하지만 철저히 실용적인 일본의 도요타와 혼다, 독일의 자동차 업체들과 한국의 현대-기아가 세계 시장에서 자동차를 많이 파는 회사의 상위를 차지하고 있다. 전통과 실리를 함께 갖추기는 쉬운 일이 아닌 모양이다.

마호가니, 버드 아이 메이플, 느릅나무 등
다양한 목재를 공예적으로 사용한 롤스로이스의 내부.

다윗 왕의 수금도, 노곤한 봄날 목동의 버들피리도,
이탈리아 메디치가에서 즐겼던 크레모나산 현악기와 아마티 가문의
현악기도 모두 내가 사는 동네에서 내 손에 잡히는 나무로 만들었다는 것.
특별한 '신용과 명예'는 있지만, 특별한 나무는 없다.

악기를
만들 때

영화 〈마지막 사중주^{A Late Quartet}〉는 엘리엇의 시로 시작한다.

현재와 과거의 시간은

아마 미래의 시간 속에 존재하고

미래의 시간은 과거의 시간에 내포되어 있다

만약 모든 시간이 영원히 존재한다면

모든 시간은 다시 보상받을 수 없다

베토벤이 살아 있었다면 과연 이 시를 좋아했을까. 엘리엇은 베토벤의 현악 사중주14번 op.131에 감동하여 시집 〈네 사중주Four Quartets〉를 썼다고 전해진다. 그러나 이 역시 호사가들이 지어낸 얘기가 아닐까. 엘리엇의 시집 〈네 사중주〉 작명을 나름대로 해석해보면, 사분의 일이 넷, 즉 '포 콰르텟4 Quartets 네 개가 모여 하나'라는 의미다. 시집은 네 편의 시가 묶여 있다.

엘리엇은 시가 네 편이어서 '사중주Four Quartets'라 썼지만 쿼터quarter를 치수 단위로 쓰는 나무쟁이는 음악 사중주인 '쿼르테트quartette'에서도 나무 치수 쿼터quarter가 떠오른다. 미국에서는 목재를 사고팔 때 1인치, 2인치라고 말하면 풋내기, 또는 미국식 영어에 익숙지 않은 외국인이다. 미국에서는 두께를 포 쿼터4quarters 1인치, 에잇 쿼터8quarters 2인치로 말하고 쓴다. 미국에서 목재를 살 땐 18mm 두께는 쓰리 쿼터3quarters, 50mm는 에잇 쿼터8quarters라고 말해야 1달러라도 싸게 살 수 있다. 영국에서는 미터meter를 쓴다. 언어의 천재 엘리엇은 미국에서 영국으로 귀화했으니, 그에게 미국식 쿼터라는 표현은 친숙했을 것이다.

엘리엇의 시 「사중주」와 베토벤의 현악 사중주 선율로 시작하는 이 영화에서 미국 뉴욕 센트럴파크의 단풍나무와 참나무, 그리고 제1 바이올리니스트 다니엘이 활을 직접 만드는 장면이 있다. 영화의 배경은 뉴욕 주의 뉴욕 시, 맨해튼이다. 참고로 미국에서도 뉴욕 주의 목재는 품질이 매우 좋아 중부와 남부 지역 목재보다 대체로 가격이 비싸다. 뉴욕 주의 면적이 한반도보다 크다고 했던가. 케네디공항에서 브로드웨이의 맨해튼을 지나 뉴욕의 북서 끄트머리 버팔로까지는 자동차로 얼추 10시간이 걸린다. 맨해튼에서 북쪽으로 알바니, 시라큐스를 지나면 군데군데 정리되지 않은 원목 야적장이 숱하게 나타난다. 혹독한 날씨 때문에 더디게 자란 뉴욕 주의 나무는 눈매^{나이테}가 매우 치밀하다.

촘촘한 눈매를 가진 나무는 변형이 덜하고 안정적이어서 최고급 악기 제작자나 원목 가구 제조업체들은 뉴욕 등 미국 북쪽 지역에서 자란 나무를 먼저 확보하기 위해 경쟁한다. 우리나라도 대규모 피아노 제작사가 건재하던 1970~80년대에는 최상 등급의 목재를 많이 구매해 오곤 했지만 지금은 사정이 달라졌다. 이제 국내에는 피아노를 대량으로 만드는 생산 라인이 없거니와 목재 소비 시장에서 목재를 품질에 따라서 상급, 중급, 상업용으로 구별하는 안목도 수요도 없다는 것이 더 정확한 이유라 하겠다.

영화 〈마지막 사중주〉에서처럼 연주자가 직접 본인의 악기를 깎는다는 얘기를 독일 뮌헨에서 들었다. 세계가 좁아라 이곳저곳을 다니던 시절, 뮌헨건축자재박람회[BAU]에 갔을 때다. 전시회에 부스를 둔 참가 업체들은 해외 바이어를 위해 독일에 있는 각국 유학생들을 통역과 도우미로 두는 경우가 많았는데, 그곳에서 오보에를 전공하는 한국 유학생을 만났다. "운 좋게도 유럽 최고 연주자로 꼽히는 교수님께 배우고 있는데, 리드 깎는 것만 시키네요."

지금은 금속 리드가 개발되었는지 모르지만, 본디 대나무 같은 갈대 줄기로 깎은 리드의 떨림이 목관 악기의 음을 만든다. '오호라, 좋은 선생은 제자에게 리드를 직접 만들게 하는구나.' 오보에 연주자로부터 리드를 직접 깎는다는 이야기를 듣지 않았더라면, 영화 속 연주자가 말총을 구하고 활대를 깎는 장면을 '영화니까' 하며 넘겼을 것이다.

영화에서 사중주단의 리더인 다니엘이 바이올린 활대에 쓸 말총을 사러 악기 재료 상점에 들어간다. 내가 꼽은 명장면이다. 과연 연주자가 시베리아산, 몽골산 말총을 구별할 수 있을까? 그런데 악기 재료 상점의 점원은 "이런 말총과 같은 재료는 '신용과 명예'만으로 거래를 한다"고 다니엘에게 이야기한다. 신용과 명예라, 뼈저린 말이다. 자연산 원자재의 품질과 등급은 파는 사람밖에 모른다. 아무리 경험 있는 구매자나 사용자라 하더라도 파는 사람만큼 품질을 샅샅이 알 수는 없다.

원목과 목재 사업을 하려면 대규모 항만 시설과 야적장이 필요하니 우리나라 목재업계의 큰손들은 자연히 부산과 인천 지역에 터를 잡았다. 이 목상木商들 중에 나무 원산지와 수종을 바꾸어 큰돈을 벌었다는 전설이 많았다. 어두운 시절 그렇게 쉽게 돈을 번 전설의 주인공들의 근황을 들어보면 빠짐없이 파산 상태다. 세세한 저간의 사정을 다 알 수는 없지만 그들은 '신용과 명예'가 더 큰 자산이 될 줄은 꿈에도 생각해본 적 없는 사업가였을 것이다.

깁슨Gibson이라는 유명한 기타 브랜드가 있다. 미국 테네시 주의 기타 제조업체다. 깁슨이 몇 년 사이 연이어 목재 스캔들에 휘말리더니 회사의 존립을 우려할 만한 사건이 발생했다. 100년이 넘은 기타 제조의 명가가 목재 표시에 엄격하지 못했던 탓이다. 아프리카산 사펠레라는 목재를 사용했는데, 마호가니로 표시했던 것. "깁슨 기타가 소비자를 속였다. 마호가니가 아니지 않으냐"라며 악기 시장이 들끓었다. 누가 내게 사펠레 목재를 들고 와 온두라스산 마호가니라 하면 나는 결코 구별하지 못할 것이다. 두 나무의 수종이 다르지만 무늬와 목재의 성격이 매우 흡사하기 때문이다. 물론 저들이 소동을 치는 이유는 사펠레가 마호가니보다

싼 나무이기 때문이다.

　내 생각에는 저 보수적인 동네, 미국 남부 테네시의 깁슨 기타
가 소비자를 속일 요량으로 사펠레를 마호가니로 표시한 것 같지
는 않다. 마호가니는 그 좋은 품질 뒤에 슬픈 수탈의 역사를 간직
하고 있는 나무다. 이미 19세기에 유럽 열강의 무역 회사들은 라
틴 아메리카의 고급 수종인 마호가니를 남벌하여 식민 산지에서
씨를 말려버렸다. 진귀한 마호가니는 유럽의 귀족과 신흥 부르주
아들의 악기와 가구를 만드는 데 쓰였을 뿐 아니라 집 안을 장식
하기 위한 벽, 천장, 마루의 내장재로도 둘러쳐졌다.

　브라질산 로즈우드 파이프를 물고 앉아 있는 영국 처칠 경의
사진 속 배경 벽은 온통 라틴 아메리카산 마호가니다. 마호가니
로 만든 원목 책상 위에서 처칠은 〈제2차 세계대전〉을 쓰고 노벨
문학상까지 받았다. 그러니 런던과 파리의 고급 문화 유적에 너
무 감동하지 마시라. 동남아시아, 인도, 아프리카, 중남미에서 목
재를 수탈한 300년의 역사가 저들의 건축 내장과 가구에 고스란
히 남아 있는 것. 식민지에서 발견한 고급 수종 마호가니를 수백
년 동안 내 집 앞 냇가에 자라는 물푸레나무 잘라 쓰듯 했던 선조
들과 다르지 않게 그 후손들은 이제 아프리카에서 사펠레를 잘라

악기를 만들고 고급 내장재로 사용하고 있다. 나무쟁이들 사이에서는 두 나무의 무늿결이 같아 굳이 구별하지 않고 그냥 마호가니로 통칭하기도 한다. 이 때문에 깁슨 기타의 원자재를 두고 그렇게 소동이 벌어진 것이다.

바이올린, 첼로, 비올라는 모두 르네상스 시대에 등장했다. 그리고 악기 제작 장인으로 명성 자자한 아마티Amati, 과르네리 Guarneri, 스트라디바리우스Stradivarius가 모두 과거 롬바르디아공국에 속했던 작은 동네 크레모나에서 나왔다. 크레모나는 밀라노에서 자동차로 한 시간이면 갈 수 있고 지금도 중세 합창 페스티벌로 유명한 동네. 300년 된 스트라디바리우스, 과르네리의 악기 소리는 지금의 악기 음질과는 비교할 수 없다는 게 이 악기를 사용하는 유명 연주자들의 중론이다.

이 악기의 재료에 뭔가 비범함이 숨어 있는 걸까? 그 시절에도 바이올린 몸통은 지금처럼 가문비나무, 브리지 부분현이 지나가는 받침대은 단풍나무로 만들었다. 이탈리아 북쪽, 스위스, 독일, 오스트리아 지역으로 넘어가면 가장 흔한 나무가 가문비나무다.

과르네리, 스트라디바리우스도 모두 그 동네에서 흔히 구할 수 있는 양질의 목재로 만들었을 뿐이다. 또 하나 흥미로운 사실. 스트라디바리가 바이올린을 제작했던 17세기, 수십 년간 유럽 대륙의 날씨가 매우 춥고 혹독했다고 한다. 스트라디바리가 사용했던 가문비나무의 눈매가 유독 촘촘한 이유다. 천천히 자라서 눈매가 촘촘한 나무는 안정적이다. 웃자라 나이테가 듬성듬성한 나무보다 비싼 가격에 거래된다. 그러니 *소빙하기Little Ice Age에 버틴 가문비나무를 구해서 바이올린과 첼로를 제작한다면 사라 장, 요요마, 정경화가 그 악기를 갖기 위해 문앞까지 찾아올지도 모른다.

한 가지 이야기를 덧붙이면, 미국 북서부 해안에서는 전나무와 가문비나무, 소나무의 생산량이 엄청나 아예 나무를 수종별로 분류도 하지 않고 사용하지만, 알래스카 시트카에서 자라는 가문비나무만은 예외다. 사람들이 접근하기 어려운 곳에 위치해서인지 시트카에는 원시의 질 좋은 가문비나무가 아직 남아 있다. 시트카의 가문비나무는 특별한 각도로 절단, 건조하여 부르는 게 값이며, 주로 피아노 건반의 밑부분 재료로 쓰인다. 원목 중심부의 직각 방향으로 나무를 켜면 나이테가 정렬된 재목을 얻을 수 있다. 이 재목은 평평하게 켰을 때보다 수축 및 팽창 현상이 적어 안

....

* 소빙하기 : 13세기 초~17세기 후반 비교적 추운 기후가 지속되었던 시기.

정적이나 생산 수율이 낮아 제재소에서는 꺼린다. 그 시절, 이탈리아의 스트라디바리가 이 알래스카산 가문비나무를 알았더라면 또 다른 음색을 지닌 바이올린, 첼로가 탄생했을 지도 모를 일.

"우리나라 오동나무가 최고 아닌가요?" 이렇게 묻는 사람이 여럿 있었다. 거문고, 가야금을 만들고, 딸을 낳으면 혼수용으로 오동을 심는다는 옛말 때문인지, 오동나무가 가장 좋다고 믿는 사람들이 있다. 1,500년 전 신라의 우륵이 썼던 오동나무 가야금 소리가 가문비나무로 만든 바이올린이나 첼로보다 더 아름다웠을 거라는 사람이 있지만, 그저 같은 종류의 악기를 만들더라도 지역과 시대에 따라 사용하는 나무가 다를 뿐이다. 한 가지 분명한 사실은 다윗 왕의 수금竪琴도, 노곤한 봄날 목동의 버들피리도, 이탈리아 *메디치가Medici family에서 즐겼던 크레모나산 현악기와 아마티 가문의 현악기도 모두 내가 사는 동네에서 내 손에 잡히는 나무로 만들었다는 것. 특별한 '신용과 명예'는 있지만 특별한 나무는 없다.

....

* 메디치가 : 금융업으로 재력을 쌓은 피렌체 공화국의 평민 가문. 학문과 예술을 후원해 문예 부흥에 기여했다.

지금같이 첨단 공학으로 원목을 건조하는 방법이 없던 시기,
선인들은 시간이라는 정성으로 원목을 엔지니어링했다.

하이로켓
목재 건축

목재 골조를 사용한 고층 건축이 시작되고 있다. 2015년 영국 런던에 지어진 12층 아파트를 시작으로 호주 멜버른, 캐나다 밴쿠버, 노르웨이에도 경쟁하듯 목재 골조의 아파트가 들어섰다. 현재까지 지어진 건축 중 가장 큰 목재 고층 건축은 런던의 달스톤 레인Dalston Lane이고, 최고 높이 건축은 18층 53m에 달하는 밴쿠버 UBCUniversity of British Columbia의 레지던스 건물이다. 두께 180mm 이상의 엔지니어링 목재는 내화 성능이 철근 콘크리트 구조보다 우수하다는 시험 결과가 있다. 이렇듯 검증된 자료가 있으니 목재로 고층 아파트도 지을 수 있게 되었다.

모더니즘의 태동 이후 100년 이상 콘크리트, 철근, 유리 박스 안에 갇혀 있던 21세기 인류가 목재 구조 건축에 눈을 돌리기 시작한 것인데, 아마도 이는 본래 나무와 숲에서 나온 인간의 내재적 본능이 아닐는지. 정서적인 측면을 배제하고서라도, 목재로 지은 집은 현대의 철근, 콘크리트 건축에 비해 친환경적이라는 장점이 있다. 멜버른의 10층 목재 구조 아파트 포르테 멜버른 Forté Melbourne을 개발한 건설사는 기존 콘크리트 건축과 비교할 때 이 목재 건축물이 이산화탄소 배출량을 약 1,400톤이나 줄일 수 있다며 만족했다.

지구의 기후 변화와 관련하여 이산화탄소 배출을 억제하자는 것은 전 지구인이 동의하는 의제다. 나무는 성장하며 이산화탄소를 거의 배출하지 않고 오히려 고스란히 품고 있으니, 목재야말로 지구 기후 변화를 늦추거나 막기에 최적의 자재다. 이런 이유로 목재 엔지니어링의 선진국인 영국, 미국, 스웨덴, 일본에서는 목재 구조의 건축 디자인이 활기를 띠고 있다. 미국 건축 사무소 SOM은 70층 건물을 목재 구조로 설계해두고 있고, 케임브리지 대학은 런던의 바비칸 지구에 80층, 300m 높이의 건축을 제안했다. 하이로켓 목재 건축이 우리 곁으로 오고 있는 것이다.

목재로 초고도의 건축 기술이 요구되는 고층 빌딩을 짓는다니 어리둥절한 이들이 많을 것이다. 이렇게 고층의 목조 건축을 할 때는 전통 한옥의 기둥, 보와 도리에 들어가는 '원목'을 그대로 쓸 수는 없다. 엔지니어링 목재를 쓴다. 엔지니어링 목재란 첨단 공학으로 판재^{널빤지}와 두껍고 긴 기둥을 제조하여 용도와 형태에 맞춤한 것을 말한다. 현대 공학이 완성한 목재는 건축 자재로는 물론이고 자동차와 고속철의 부품, 교량 건설에도 사용된다. 나무가 가진 천연의 장점에 첨단 엔지니어링을 더하여 철근, 시멘트, 플라스틱, 대리석을 대체하는 것이다.

건축의 구조재로 사용하는 엔지니어링 우드 중 기둥재는 글루램^{glulam}, 벽재는 CLT라고 한다. 아직 널리 사용되지 않고 있으니 제한된 전문가들만 사용하는 용어다. 그런데 서울로 나들이를 나온 어느 날, 방송인 몇이 모인 자리에서 뜬금없이 전화가 걸려 왔다. 그리 깊지 않은 밤이었지만, 벌써 불콰해진 목소리로 다짜고짜 "내촌, CLT가 뭐요?"라 묻는다. 이런 얼토당토않은 질문이 있나. 방송인들이 CLT는 어찌 알았으며, 이런 전문적인 것을 내게 왜 물어보는가. 자초지종은 이러했다. 최근 일본 NHK 출신의 한 언론인이 일본 내 산간 지역 모습과 도시 생활의 대안이 될 만한 산촌에서의 삶에 관한 책을 출판했단다. 〈숲에서 자본주의를 껴안다〉(모타니 고스케, 2015)라는 책이다. 거기에 CLT라는 용어가 나오는데, 무슨 약자인지 모르겠다는 것이다. "Cross Laminated Timber를 줄인 말이에요."

CLT는 얇게 자른 나무를 다시 엇방향으로 여러 겹 접착해 철근, 콘크리트, 대리석을 대신할 만큼 강도를 높인 목재로, 가볍고 단열이 우수하다. 그날 밤 호기심 가득 찬 방송인들의 술자리에 불려 나가 최신 목재 엔지니어링의 경향에 대해 설명하고 돌아왔다. 내촌목공소는 국내에서 엔지니어링 목재로 많은 건축물을 지었다. 서울, 경기도, 강원도 곳곳의 건축물에 엔지니어링 목재를 기둥과 보로 사용한 지 10년이 훌쩍 넘었으니 한국에서는 목재 건축에서 최첨단을 달려온 셈이다. 2006년에 지은 내촌목공소의 전시장이 국내 최초의 글루램 목조 건축이다. 처음부터 스위스, 독일, 미국의 목재 엔지니어링 전문가들과 협업한 덕분이다.

정밀하게 엔지니어링된 목재는 여러 분야에서 이용 가치가 뛰어날 뿐 아니라 가격도 비싸다. 나무를 엔지니어링했다는 것은, 정밀하게 제재하여 목재가 변형되지 않게 건조한 뒤 용도에 맞게 가공한 것을 말한다. 완전하게 건조된 소나무는 그렇지 않은 원목 상태에 비하여 강도가 네 배 정도 높다. 소나무 원목을 구조재로 지은 한옥과 문화재, 산사의 법당을 보면 예외 없이 기둥은 터져 있고 목재 짜맞춤 부위는 뒤틀려 있다. 목재로 집을 짓는다고 하면 하나같이 '나무가 썩지 않나요?' '벌레는 어쩌지요?'라고 묻는다. 전통 한옥만 보아온 사람들은 엔지니어링 목재의 정밀함을 보지 못했고 경험한 적이 없기 때문이다.

그런데 1,500년 역사를 거슬러 신라, 백제, 고구려 그리고 일본, 중국, 동아시아 지역의 목재 엔지니어링도 대단히 빼어났다. 남아 있는 유적과 기록이 이를 증명한다.

지구상 가장 오래된 목재 건축물은 일본 나라 현에 있는 호류지法隆寺의 서원가람西院伽藍이며, 최대 규모의 목재 건축물은 역시 일본 나라 현의 도다이지東大寺다. 고구려의 담징승려 화가이 호류지 금당 벽화를 그렸다 하고, 또 고구려와 백제의 장인들이 호류지 건축에 큰 영향을 주었다고 전해진다. 역사학자들은 백제 유적이 별반 남아 있지 않으니 일본 호류지를 보고, 고도古都 나라와 교토를 거닐면 백제를 알게 된다고 말한다. 그런데 호류지의 마지막 대목장 *니시오카 쓰네카즈의 구술에 의하면, 호류지는 당나라 사람들이 7세기에 주도한 건축이며 그 후손들은 여태 일본에 있다고 한다. 6~7세기 동아시아에서는 대규모 건축을 위해서 국적과 상관없이 당나라, 백제, 신라, 일본, 고구려의 기술자들이 빈번히 왕래했다는 것이다.

동시대 신라에는 황룡사 구층 목탑이 있었다. 경주 황룡사 터에서 신라 가람의 규모를 알 수 있고, 〈삼국유사〉, 중국 사서史書에도 황룡사의 규모, 구층 목탑의 높이가 기록되어 있다. 높이에 대해서는 학자들의 의견이 분분한데 60미터에서 80미터가 되었다. 최대치 80미터이면 당시 세계 최고 높이의 목탑이다. 우리 조상들의 목재 엔지니어링도 대단했다는 이야기다.

최근 황룡사 목탑을 복원하자는 움직임이 활발하다. 80미터 높이의 목탑이 옛 모습대로 복원되면 경주시나 불교계만의 경사가 아니라 1,500년 전 신라인들의 목조 조형술을 온 세계인에게 선보이는 경이로운 뉴스가 될 것이다. 그런데 우리 전통 목수들이 황룡사 구층 목탑을 재현할 수 있을는지. 나는 회의적이다. 우리의 문화재 복원 사업 엔지니어링의 실태가 그러하다.

....

* 니시오카 쓰네카즈(1908~1995) : 일본 호류지를 수리한 전설의 대목장. 나라 현 출신의 전통 목수로 '궁궐 목수'라고 불린다. 〈나무에게 배운다〉라는 구술서를 남겼다.

문화재청 공사 시방서에 기재된 목재의 함수량이 24%라는 보도가 있었다. 문화재에 사용하는 목재의 수분이 24%이니 기둥과 보는 터지고 뒤틀릴 것이며 건축의 정밀성도 덩달아 떨어질 수밖에 없다. 역사와 문화를 소중히 지켜나가자면서도 공학을 도외시한다. 신라인이 전통과 문화에 대한 긍지만으로 황룡사 구층 목탑을 쌓았고, 김대성은 오직 깊은 불심만으로 불국사를 건축했을까? 그때는 콘크리트, 철근도 없었거니와 건설 중장비도 없었다. 황룡사, 불국사 건축을 주도하고 현장의 책임을 맡은 신라의 도목수^{우두머리 목수}는 당대 최고 수준의 엔지니어였을 것이다.

6, 7세기 신라의 조상들이 수분 24%의 원목으로 황룡사 구층탑을 올렸을 리 없다. 그러면 어떻게 원목을 건조해야 현대 엔지니어링에서 요구하는 함수율 12%로 만들까? 바람 잘 부는 넓은 공간에서 10~15년 동안 건조하면 된다. 이것이 바로 옛 선조들의 엔지니어링 방식이었다. 신라 목공 엔지니어들이 지금 이 땅에 온다면, 요즘 전통 한옥을 짓듯이 지난해 가을이나 올 초에 벌목하여 일 년도 건조하지 않은 나무를 기둥과 보로 사용하지 않을 것이다.

지금같이 첨단 공학으로 원목을 건조하는 방법이 없던 시기,

선인들은 시간이라는 정성으로 원목을 엔지니어링했다. 백제, 신라 선조들이 우리에게 남겨준 찬란한 전통은 '빼어난 사이언스'였다.

엔지니어링 목재로 만든 CLT 건축물의 내부.

와인은 참나무 통에만 숙성시켜야 할까.
아니다. 밤나무 통도 있고 사과나무 통도 있다.
나무에 따라 숙성한 와인의 향이 다를 뿐이다. 와인을 담는 용기로
참나무가 굳어진 것은, 프랑스에서 참나무가 가장 풍부하고 쉽게
구할 수 있는 단단한 나무였기 때문이다.

와인의
나무들

이탈리언 레스토랑에서 있었던 일이다. 한 친구가 뜬금없이 내 뒤편에 놓인 와인 박스의 나무가 무언지를 묻는다. 레스토랑에서 흔히 볼 수 있는 와인 박스. 대수롭지 않아 대꾸하지 않았는데, 나와 함께 있어서인지 앞에 앉은 친구가 계속 흥미를 보인다. 가끔 이런 질문을 받으며 난처한 때도 있다. 어느 고미술 전문 갤러리에 초대받았을 때다. 갤러리 대표가 자기 작업실에서 작은 나무 조각을 꺼내 보이며 이게 무슨 나무인지를 봐 달라고 했다. 엄지손가락 크기의 새까만 나무 토막 하나. 플라스틱인지 나무인지도 분간하기 힘들었다.

"흑단처럼 보이기도 하는데 어디서 가져온 나무입니까? 그런데 나무가 맞나요?" 내가 모르는 나무라는 것을 확인한 그 갤러리 대표는 득의만만하여 설명을 시작했다. "침향沈香인데, 베트남에서 가져온 거예요." 그리고 그의 침향 설명이 한 시간가량 계속됐다. 침향의 효능, 향기, 진귀함….

이번엔 난처한 상황이 아니었으니 와인 상자를 뒤집어 가며 훑어봤다. 포플러로 제작한 상자다. 박스 겉에 인쇄된 글을 보니 아니나 다를까 이탈리아 와인을 담았던 상자다. 옆에는 프랑스산 와인을 담았던 오동나무 상자가 하나 더 놓여 있었다. 포장 박스까지 하나하나 탐색해본 적은 없었는데 와인 담는 상자 하나로 이렇게 이탈리아와 프랑스가 구별되다니.

먼저 이탈리아 와인의 포플러 상자. 이탈리아 포플러는 한때 우리나라에서도 강둑의 가로수로, 또 개간지에 참 많이 심었다. 근처 산과 들에 벌건 흙만 눈에 들어오던 시절, 강가에 심은 포플러가 하늘을 향해 쑥쑥 커 올라가는 풍경은 대단했다. 이탈리아 포플러의 초록 잎과 그늘이 우리 사회와 시민들에게 청량함을 선사했다. 나무가 국토의 풍경을 바꾸는 출발은 이 껑충 키 큰 나무에서 시작되었다고 해도 지나친 말이 아니다. 포플러 키를 따라

갈 만한 높은 콘크리트 건물도 없던 시절이다.

이탈리아의 한여름 날씨는 숨 쉬기가 무서울 정도인데, 초라한 길가엔 어딜 가나 포플러가 흔하다. 이탈리아의 목재 가공 산업을 오랫동안 지켜보니, 그들은 포플러로 합판을 만들고, 최고급 마루판의 밑부분에도 사용한다. 가로수 포플러로 정밀한 목공 제품도 만들고 있다. 건축 자재를 아는 사람은 이탈리아에서 제조한 원목 마루판 ^{바닥에 붙는 밑부분을 포플러로 만든 것} 이 얼마나 고가의 제품인지 알 것이다.

반면 한국에서는 대부분의 포플러를 보일러에 넣어 땔감으로 쓰거나 한때는 일회용 젓가락을 만들기도 했다. 이 포플러를 이탤리언 레스토랑에서 와인 상자로 만났다. 이탈리아 반도의 여름을 식혀주는 포플러가 와인을 감싸고 극동의 한국까지 온 것이다.

다음으로 프랑스 와인의 오동나무 상자. 포장한 나무로 프랑스 와인을 다시 본다. 거위 간이나 캐비어 낱개 포장 상자를 오동나무로 만든다면 수긍이 가지만 와인 열두 병을 담은 나무 상자라니. 이것은 운송을 위한 크레이트^{crate 물품 운송용 나무 상자}이다. 그것도 오동나무 크레이트다. 유심히 보니 목재 품질이 한국이나 중국의 전통 가구 서랍에 사용하는 오동나무 못지않았다. 오동나무는 곰팡이나 좀이 슬지 않고 수축 및 팽창이 적어 한국, 중국, 일본에서 가구를 만들 때는 주로 서랍에 사용한다. 무른 나무여서 힘을 받는 부위에는 적합치 않지만 나무의 고유한 항균력 때문에 식품을 포장하기에는 최적의 나무다. 더구나 오동나무의 무게는 와인 숙성 통으로 사용하는 참나무에 비해 삼분의 일에서 사분의 일 정도밖에 나가지 않는다. 프랑스의 와이너리가 와인 포장 박스에 무슨 나무를 써야 하는지도 정확히 알고 있다는 사실이 놀랍다.

　프랑스에서 오동나무를 더러 보았지만 특별히 파리 개선문 근처의 오동나무가 기억난다. 사월의 파리를 보라색 꽃으로 물들이는 오동나무 가로수. 임산 대국 프랑스임에도 가로수 나무 하나 허투루 버리지 않고 이렇게 용도에 맞추어 활용하고 있다. 요즘 프랑스에서 거래되고 있는 오동나무의 가격은 정확히 모르겠으나 우리나라, 중국, 일본에서는 좋은 품질의 오동나무 목재라면 제법 비싼 가격대에 유통된다. 그러니 많은 영세 제조업체는 오동나무와 유사한 수종의 무르고 하얀색을 띠는 필리핀, 인도네시아산 나무를 대체품으로 사용하고 있다. 얼마 전 오후 뉴스에서 목공예를 하는 젊은이가 마침 오동나무를 설명하고 있었다.

"저는 가구를 만들며 싸구려 오동나무는 서랍의 밑판 재료로 만 사용하고 나머지 부분에는 자작 합판을 쓰고 있습니다."

듣는 내 귀를 의심했다. 이런 말이 나온 연유는 이 젊은 목수가 제대로 된 오동나무를 사용해보기는커녕 만나보지도 못해서일 테다. 그동안 오동을 대체한 하급품 ^{오동 비슷한 동남아 나무} 만 사용해온 목수는 오동나무를 싸구려 목재로 알고 있으니 안타까운 일이다. 서랍재 용도로 오동나무는 최상의 목재다. 자작 합판과는 비할 바가 아니다.

와인 상자 이야기를 하니 와인을 숙성하는 참나무 통^{Oak barrel} 나 무 이야기가 이어진다. 종교의 자유를 찾아 영국에서 신대륙으로 이주한 미국의 선조들이 가장 먼저 시작한 제조업은 참나무 통을 만드는 것이었다. 그럴 만도 한 것이, 그들이 도착한 미국 동북부 지역은 광활한 땅에 활엽수가 빽빽한 참나무 대륙이었고, 그들이 타고 온 범선 메이플라워호는 영국과 프랑스, 포르투갈 항로에서 양모와 와인을 주로 나르던 상선이었다. 이미 17세기 초부터 미 국은 참나무 통과 목재를 유럽 대륙으로 수출했다.

프랑스도 참나무가 많은 임산 국가이지만 현재 건축재, 내장재 로 쓰기 위해 적지 않은 미국 목재를 들여오고 있다. 그런데 제2

차 세계대전 후에 미국산 목재를 쓴 세월이 30년쯤 지났을까. 문제가 엉뚱한 데서 터지기 시작했다. 미국산 참나무로 가구를 만들 때는 별문제가 없었는데, 미국산 참나무 통에 와인을 숙성하는 와이너리가 슬금슬금 나오기 시작하자 프랑스의 보수적인 와인협회에서 소동이 났다. 프랑스 와인이 미국 참나무 통에서 숙성된다는 소식은 세계의 와인 애호가들 사이에서도 뜨거운 논란거리가 되었다. 같은 참나무이지만 프랑스산 참나무 통이 미국산보다 두 배가량 비싸다. 실제로 프랑스산 참나무 목재의 무늬를 미국산과 비교해보면 프랑스산이 더 치밀하고 아름답다.

그러면 와인은 참나무 통에만 숙성시켜야 할까. 아니다. 밤나무 통도 있고 사과나무 통도 있다. 나무에 따라 숙성한 와인의 향이 다를 뿐이다. 와인을 담는 용기로 참나무가 굳어진 것은, 프랑스에서 참나무가 가장 풍부하고 쉽게 구할 수 있는 단단한 나무였기 때문이다.

그런데 어쩌면 와인을 숙성하는 참나무 통도 곧 전설로 남을지 모른다. 프랑스를 제외한 미국, 칠레, 뉴질랜드에서는 이미 대형 스테인리스 통에서 마치 맥주를 생산하듯 와인을 양조하고 있다. 그럼에도 오크 향이 못하지 않은 것은 참나무를 얇게 자른 조각을 스테인리스 통에 넣어 양조하기 때문이다. 와인 양조 방식의 변화로 내부 수요가 줄어들었는지, 얼마 전부터 프랑스도 독일도 참나무 판재를 해외로 수출하려고 안달이다. 전에 없던 일이다.

와인의 참나무 통과 다를 바 없기는 코르크 병마개도 마찬가지다. 코르크 마개는 참나무 껍질로 만든다. 코르크 나무cork oak도 참나무과이며 유럽의 와인 생산지와 가까운 포르투갈, 스페인 북부, 아프리카 지역에서 자란다. 와인 뚜껑도 고급일수록 코르크 마개만 사용하는 것으로 알고 있지만, 이 방식도 바뀌고 있다. 심지어 코르크보다 스크류 방식으로 개봉하는 알루미늄 뚜껑이 와인을 더 완벽하게 보존한다고 한다. 프랑스에서 코르크를 와인 병마개로 사용한 세월이 약 300년이나 되었지만, 이래저래 전통은 위협을 받고 있다. "코르크만이 우리의 전통"이라고 외치는 프랑스 양조협회도 과학 앞에 차츰 무너지고 있다.

어느 숲 해설자가 유달리 수피樹皮가 두꺼운 나무를 우리나라에 자라는 코르크 참나무라 설명하는 것을 들은 적이 있다. 정확히 말하자면, 숲 해설자가 말한 참나무는 나무 기둥의 껍질이 푹신하고 두터운 굴참나무다. 최근에 강원도 삼척의 이끼 계곡을 걸은 적이 있는데 길 옆으로 온통 굴참나무였다. 그 길을 걸으며 참나무 껍질로 지붕을 만든 굴피 집이 왜 삼척에만 남아 있는지를 알았다. 유라시아 대륙 서쪽 끝 포르투갈은 코르크 참나무, 프랑스와 독일을 비롯한 전 유럽 대륙과 아시아에는 하얀 참나무, 동쪽 끝 한반도에도 하얀 참나무와 굴참나무, 미국엔 붉은 참나무가 많이 자란다. 우리 땅 깊은 산골의 굴피 지붕, 보르도의 와인 포장 상자, 와인 숙성 통, 코르크 병마개 등을 보노라면 천연의 참나무가 얼마나 다양한 모습으로 인간의 삶 속에 들어와 있는지 알 수 있다. 채집으로 살았던 조상들도 그 해 참나무에 달리는 도토리가 풍성하면 배고픔에서 얼마간 자유로울 수도 있었다.

오동나무는 봄에 라일락처럼 보라색 꽃을 피운다.
파리의 개선문 근처에 오동나무 가로수가 있다.

저드는 맨해튼 소호에 살다가 텍사스 마르파로 거처를 옮겼다.
뉴욕의 비좁았던 집을 떠나 목장까지 있는 그림 같은 텍사스 집을 구했으니
걸맞은 가구가 필요했고, 두 아이를 위한 침대도 있어야 했다.

합판도
예술이다

전시 공간을 둘러보려고 약속한 갤러리로 갔다. 사무실 구석구석의 가구가 예사롭지 않았다. 조형이 완벽하여 상쾌하다. 이 멋진 갤러리에서 일찍이 *도널드 저드의 가구를 들여왔는데, 국내에서 단 한 점도 못 팔아 그냥 본인이 사용하고 있다고 했다. 저드 파운데이션의 본사가 미국 텍사스 마르파에 있으니, 그곳에서 만든 가구라는 설명까지 덧붙인다. 그런데 얼핏 봐도 Made in

....

* 도널드 저드(1928~ 1994) : 미국의 미니멀리즘 아티스트, 저술가. 미술의 본질을 특수한 사물 (Specific Object)로 규정하고 종래의 회화나 조형을 거부했다.

USA 터치 같지 않고 가구의 자재도 미국산 나무가 아니었다. 갤러리스트에게 양해를 구한 후 샅샅이 그리고 뒤집어도 보니 자작나무 합판으로 만든 가구인 데다 일본 제조 표시가 선명했다.

원자재와 산업재도 나라별로 특색과 고유성이 있다. 미국에서 제조한 자작나무 합판을 본 적이 없다. 미국은 소나무 ^{미송} 합판을 주로 만드는 반면 유럽 각국은 미국에서 흔한 소나무 합판을 잘 만들지 않는다. 자작나무는 동유럽, 스칸디나비아, 러시아에 풍성한 나무다. 당연히 그 지역에서 쉽게 구할 수 있는 나무로 합판을 제조하니 유럽에는 자작나무 합판이 많다. 미국의 포틀랜드와 시애틀에서 소나무 합판을 대규모로 생산하는 것도 같은 이치다. 일본도 홋카이도에서 자라는 자작나무로 소량이나마 합판이나 가구를 만들고 있다.

도널드 저드는 산업용 소재인 철판, 플라스틱, 합판을 태연히 본인의 모든 작업에 사용했다. 앤디 워홀은 합판으로 *'브릴로 상자'를 만들어 실크 스크린을 했고, *재스퍼 존스는 평면 회

---

* 브릴로(Brilo) 상자 : 미국 세제 브랜드 브릴로의 포장 박스를 1964년 앤디 워홀(1928~1987)이 합판으로 만들어 뉴욕에서 전시했다.

화 작업에 합판으로 만든 상자를 덧붙이기도 했다. 1960년대 현대 미술사의 큰 줄기인 *미니멀리즘과 팝 아트가 등장했고, 그 진원지는 뉴욕이었다. 이 시기는 비틀스와 *우드스톡 페스티벌 Woodstock Festival이 나타난 때이기도 하다.

몇 년 전 독일 베를린에서 재스퍼 존스의 전시를 본 적이 있다. 기차역을 개조한 함부르크 반호프 현대미술관이 한산하기도 했지만, 주말에 할 일 없던 나는 존스 작품에 사용된 합판의 품질 등급 표시까지 확인할 수 있었다. 이는 나의 상습적 몰취향으로, 백남준의 비디오 아트 작업을 보면서도 그 시대 TV 세트, 라디오 박스의 나무는 무엇으로 만들었지를 살핀다.

1950~60년대 미국에서 제조한 가전제품은 박스나 프레임에 목재를 쓴 경우가 많다. 미니멀리즘 아티스트들의 1960년대 작

....

* 재스퍼 존스(1930~) : 미국의 팝 아트 미술가. 누구나 알고 있는 이미지인 '성조기', '과녁' 등을 작품 표면에 내세우고 관념과 철학을 기피했다.

* 미니멀리즘 : 1960년대 미국 뉴욕을 중심으로 시작된 미술 사조. 프랭크 스텔라, 도널드 저드, 로버트 모리스 등은 사물의 본질만 남기는 작업을 예술에 구현했다. 미니멀리즘은 현대 미술사 에서 미국이 발원지가 된 최초의 사례다.

* 우드스톡 페스티벌 : 1969년 미국 뉴욕 우드스톡에서 열린 음악 축제로 평화와 반전, 저항 문화 의 상징이다.

업을 보며 내가 피식 웃을 수밖에 없는 것은, 산업용 자재도 어디서 가장 싸구려만 골라 썼기 때문이다.

필리핀, 타이완 아니면 한국에서 제조한 나왕 합판을 사용했던데, 당시는 미국, 독일에서 제조한 때깔 좋고 반듯한 합판이 널려 있었을 때인데 무슨 궁상인가. 가난한 예술가는 비싼 재료를 살 형편이 못 되어 미니멀리즘으로 갔을까.

도널드 저드, 이 종횡무진 아티스트의 정체는 조각가인가 건축가인가, 아니면 가구 디자이너일까? 그는 미술 평론으로 커리어를 시작했다. 군 복무 중 한국에 근무하며 김포공항 건축에도 동원되었고 한국전쟁 직전에 미국으로 돌아갔다고 한다. 20세기 미국의 특출했던 이 아티스트는 빼어난 문장가이기도 하다. 1993년에 쓴 명저 〈It's hard to find a good lamp〉는 특히 디자이너라면 읽어보면 좋겠다. '내 집에 쓸 마땅한 조명 하나도 없으니'라는 제목을 보며 '저드도 그랬구나. 그래, 조명 하나 적당한 것이 없지. 미국이라고 다르지 않네'라고 공감했다. 하지만 타이틀과 달리 저드의 에세이에 조명은 한 차례도 언급되지 않았다. 이 에세이는 가구를 디자인하고 직접 만들기 시작한 아티스트의 '가구 디자인 선언문'이다. 왜 가구를 만들게 되었는지, 세상에

널브러진 가구 그리고 가구에 대한 그의 개념을 담았다.

1970년대에 저드는 맨해튼 소호에 살다가 텍사스 마르파로 거처를 옮겼다. 뉴욕의 비좁았던 집을 떠나 목장까지 있는 그림 같은 텍사스 집을 구했으니 걸맞은 가구가 필요했고, 두 아이를 위한 침대도 있어야 했다. 저드는 유행하는 스칸디나비안 가구를 사려면 집에서 20여 마일을 가야 하고 가격도 비싸더라고 했지만, 그의 취향에 덴마크 디자이너 핀 율, 한스 웨그너의 가구가 맘에 들었을 리 없다.

20세기 디자인사에서 빠지지 않는 덴마크 가구이지만 도널드 저드의 작업과 비교해보면 그의 속내를 알 것도 같다. 저드의 작업은 백지에 점 한 개, 선 하나밖에 없는 느낌을 준다. 지독한 미니멀리즘 아티스트가 시대를 비켜 간 빅토리안 가구를 자신의 공간에 둘 리도 없다. 그는 에세이에서 현대 이탈리아 디자인을 노골적으로 경멸한다. '최악worst'이라고 표현했다.

집에 둘 마뜩한 가구를 시중에서 구할 수 없자 목재와 합판을 들고 저드 본인이 직접 나섰다. 텍사스에서 저드가 가구를 만든 배경은 강원도 목수 이정섭의 이야기와 흡사하다. 내촌목공소 가구도 지금은 꽤 알려졌으나, 이정섭이 본인의 집에 놓기 위하여 제작한 것이 시작이다. 저드는 기존 건물이나 집을 사서 여기저기에 자신의 공간을 꾸몄는데 뉴욕, 텍사스 그리고 스위스의 집을 지금은 저드 파운데이션이 관리하고 있다. 그 공간에도 저드의 합판 가구가 놓여 있다.

경상북도 안동에 저드가 집을 지을 뻔했던, 세간에 별로 알려지지 않은 일도 있다. 서울 대학로의 인공 갤러리를 기억하는 분이 많을 것이다. 1980년대 그 진지했던 대구의 인공 갤러리가 서울로 옮겨 온 것으로, 대구에 있던 인공 갤러리는 1988년 우리나라에서 도널드 저드를 처음 소개하는 전시회를 개최했다.

이곳의 대표 황현욱 선생은 안동 출신인데 도널드 저드를 한국으로 초청했고, 자신의 고향 안동을 구경시켰다. 하회마을 강따라 조성된 모래톱을 보고 경탄한 저드는 그의 새로운 공간을 안동에 마련하려고 했다. 기와집만 들어선 하회마을에 웬 노랑머리 뉴요커? *추로지향鄒魯之鄉 안동 공무원이 허가할 리 만무하다. 철판, 합판을 잘라 페인트 칠한 것이 예술이라는, 조금도 믿음이 가지 않는 무슨 미니멀리즘이라는 놀음에 한국의 엘리트 공무원이 설득 당할 리 있나.

보드카를 생수 마시듯 들이켜던 저드는 1993년 에세이 〈It's

hard to find a good lamp〉를 쓴 후 1994년 영면했다. 무엇이 급했는지, 한국 갤러리스트의 전설 황현욱 선생도 저드를 따라 가버렸다. 2013년 6월 뉴욕 스프링 스트리트 101번지, 소호의 저드 옛집이 3년에 걸쳐서 새 단장을 하더니 오픈했다.

백남준이 어슬렁거리던 소호 거리, 19세기에 지어져 방적 공장으로 사용되었던 5층 주철 건물을 저드가 1960년대에 8만 달러를 주고 샀다고 한다. 리노베이션에만 2,500만 달러가 들었다는데, 저드가 생전에 사용하고 집 안에 설치해둔 컬렉션 그리고 그의 작업들을 설치했다. 저드와 함께 미니멀리즘 아티스트로 분류되는 *로버트 모리스, *댄 플래빈의 날카로운 작업도 있고, 역시 합판으로 만든 1930년대 알바 알토 스툴도 있다. 미니멀리즘 오브제로만 채워져 누가 봐도 저드가 컬렉션한 것을 알겠다.

이제 저드의 집은 소호가 한때 뉴욕 예술가의 거리였다는 사실

....

* 추로지향 : 공자와 맹자의 고향이라는 뜻으로, 예절을 알고 학문이 왕성한 곳을 이르는 말.
* 로버트 모리스(1931~) : 미국의 미니멀리즘 아티스트. 아무것도 암시하지 않는 순수 조형물 조각가로 알려져 있다.
* 댄 플래빈(1933~1996) : 미국의 미니멀리즘 아티스트. 빛과 전기 조명을 재료로 만든 작품을 전시하며, 특히 기성품 형광등 작업 시리즈가 유명하다.

을 화석으로 보여준다. 저드와 미니멀리즘 아티스트들은 저 하늘 높은 곳에 있던 존귀한 '예술과 예술가'를 땅으로 데리고 왔다. 합판, 철판, 플라스틱을 가지고 보통 사람들의 일상성을 예술로 탄생시켰으니. 자, 이제 우리도 아티스트이다. 저드 파운데이션은 저드의 작업, 건축, 철학을 주제로 다양한 프로그램도 진행하고 있는데 'It's hard to find a good lamp'를 주제로 한 포럼도 있다. 아티스트의 정신이 이렇게 살아서 '산업용 합판도 예술'이라고 들려준다. 누구도 도널드 저드의 작품을 싸구려 합판 가구라고 하는 사람은 없다.

Josh White ©Judd Foundation.

도널드 저드가 살던 뉴욕 소호의 집 2층. 그의 합판 가구가 놓여 있다.

지금도 감나무 클럽만 사용하는 고색창연한 골프 커뮤니티가 있다.
이름하여 '퍼시몬 클럽'으로 전통이란 단어를 함께 쓰며
감나무 헤드 골프채만으로 경기를 한다.

감 먹는
나태한 녀석들

감나무다. 지리산은 깊기도 하지. 산길은 끝이 없고, 감 익는 산
골 마을 빛깔은 화려해 눈을 뜰 수 없을 정도다. 시인 박재삼도
이 풍경에 배를 채웠을까. 멀리 그의 마을을 지난다. 감이 온 하
늘을 채우니 골짜기 까치도 여유로운 날갯짓이다. 청도, 상주 등
경상도 북쪽에만 감나무가 있는 줄 알았는데 섬진강 가에도, 남
도의 강진 영랑 생가 길에도 감이 열려 있었다. 더 당황했던 것은
일본에도 중국에도 곳곳에 감나무가 있었던 것. 심지어 이스라엘
에도 '샤론 프루트Sharon fruit'라는 달디단 감이 있었다. 자고로 곶
감은 손 시린 겨울밤에 우리네 할머니들이 숨겨둔 광에서 나오

고, 정다운 호랑이는 그 곶감 하나에 물러가지 않았던가. 그런데 호랑이 전설 없는 세상에도 감과 곶감이 널려 있었다.

감은 문명의 이곳저곳 사람들에게 오랫동안 사랑받아온 과실이다. 그 맛이 얼마나 좋았는지 옛날 오디세우스의 항해길마저 방해했다는 전설이 있다. 바람결에 오디세우스가 한 섬에 도착했는데 그곳 사람들은 이른바 감 먹는 사람들lotus-eaters, 바로 *로토파고이족Lotophagi이었다. 지금의 탐스런 감은 고욤을 개량한 것이니 아마 *고욤나무date plum 열매였을 것이다. 오디세우스의 선원들은 그 섬에서 처음 먹어본 달콤한 감 맛에 빠져 항해길은 간데없이 잠에 취했고, 불같이 화가 난 근육질의 오디세우스는 선원들의 목덜미를 잡아 끄집어낸다. 제임스 조이스의 소설 〈율리시즈〉 '에피소드 5'가 로터스 이터스이고, 서머싯 몸도 '로터스 이터스' 제목으로 단편 소설을 남겼다. 이제 이 단어는 영어에서 '향락에 빠져 제 본분을 잊은 사람들'이라는 뜻으로 쓰인다. 감

....

* 로토파고이 : 그리스 신화의 영웅 오디세우스가 트로이 전쟁 후 고향으로 돌아가던 중 만난 부족의 이름. 이들은 로터스(lotus) 열매를 먹고 사는데, 이 열매를 먹으면 만사를 모두 잊고 그냥 그 섬에서 편안하게 살고 싶다는 생각만 들게 된다고 한다.

* 고욤나무 : 감나무과에 속하는 나무로 감나무를 접목할 때 대목으로 쓴다.

먹는 나태한 녀석들!

감나무는 매우 단단한 활엽수로 가구나 세공품을 만들기에 썩 좋은 목재다. 한국과 일본, 중국은 감나무로 전통 장식 가구를 만들었다. 세계 각국에 참나무, 호두나무, 물푸레나무를 공급하고 있는 임산 대국 미국에도 목재를 세공한 식기, 조각품 등을 보면 의외로 감나무로 만든 것이 많다. 미국 동부 지역에는 빵을 자르는 나무 칼, 우리 키만큼 긴 활도 감나무로 만든 것이 있다.

우리 전통 가구를 만들 때도 감나무가 귀하게 쓰였다. 그중에서도 *먹감나무로 만든 장, 문갑 등은 유달리 귀한 대접을 받았다. 나무를 횡으로 자른 단면에서 중간 부분을 심재心材 heartwood라 하고, 바깥쪽을 변재邊材 sapwood라 하는데, 심재에 마치 먹을 뿌린 것처럼 검은 무늬를 지닌 감나무가 더러 있다. 모든 감나무가 이런 검고 아름다운 무늬를 가지고 있는 것이 아니니 그 흑백의 대비를 가진 희귀한 먹감나무는 귀한 대접을 받았다.

....

* 먹감나무 : 오래된 감나무는 심재가 새까맣거나 고동색일 경우가 있고 바깥 부분은 하얗고 옅다. 그중 흑백 색깔의 대비가 선명한 심재를 가진 것은 먹감나무라 하여 장식용 가구, 소품, 노리개 재료로 애용되었다. 감나무 중에 검은색 속이 있는 것은 20%가 채 되지 않아 귀하게 여겼다.

피라미드에서 나온 파라오의 검은 가구들도 **빼놓을 수 없다.** 이집트 역사상 최고의 미인이었다는 네페르티티Nefertiti의 얼굴을 본뜬 검은색 나무 조각은 흑단, 감이 열리지 않는 아프리카 감나무과 '흑단'으로 만든 것이다. 흑단은 비중이 1에 가까워 물에 가라앉는 단단하고 아름다운 목재다. 지구의 북반구에서든 남반구에서든 흑단은 인류가 접한 나무 역사 이래 최고 품질의 나무로 간주되었다. 피라미드에서 나온 파라오의 원목 의자 및 베개도 흑단으로 만들었다. 흑단이어서 그 긴 세월 동안 부패하지 않고 보존되었을 것이다. 흑단은 오랜 남벌로 이제 본거지인 아프리카 대륙에도 거의 남아 있지 않은데, 최근 마다가스카르 밀림에 어렵게 서 있던 흑단이 무더기로 잘려버렸다는 소식이 들린다. 멸종 위기의 흑단을 밀매하는 국제 조직의 소행이다.

뭐니 뭐니 해도 아직까지 감나무가 주인공으로 자리하는 분야는 골프 클럽이다. 우드 3번, 우드 5번이라 불리는 골프 클럽에서 나무를 본 적이 있으신지. 내가 처음 가진 골프 클럽의 머리는 쇠붙이였는데 모두 우드wood 몇 번이라 불렀다. 이는 전통적으로 공을 가격하는 골프 클럽의 헤드를 감나무로 만들었기 때문이다. 1980년대 초부터 티타늄, 합금으로 만든 골프 클럽이 대중화해 지금은 나무로 만든 헤드를 단 것이 거의 없는데도 여전히 우드 1번, 우드 3번이란 호칭을 쓰고 있다. 나무 헤드를 메탈로 처음 만든 제조사는 미국의 테일러 메이드다. 이 회사의 최초 브랜드는 피츠버그 퍼시몬Pittsburgh Persimmon 피츠버그 감나무이었다.

골프 박물관에서 볼 수 있는 18~19세기 유럽산 골프 클럽의 헤드는 너도밤나무, 물푸레나무가 대부분이지만 골프가 대중화한 20세기 미국, 일본에서 만든 클럽의 헤드는 대부분 감나무였다. 미국에는 지금도 감나무 클럽만 사용하는 고색창연한 골프 커뮤니티가 있다. 이름하여 '퍼시몬 클럽'으로 전통Traditional이란 단어를 함께 쓰며 감나무 헤드 골프채만으로 경기를 한다.

젊은 시절 왕성했던 나의 골프 연대기에 빠질 수 없는 한 친구는 4번 우드만 들면 매번 신들린 타구를 보여주었다. 골프 스코어로 따지자면 우리들 중에서 평균치였는데도 불구하고 두 번째 샷은 어김없이 4번 우드로 동반자들을 긴장시켰다. 이 친구의 비장의 병기 4번 우드는 일본제 감나무 클럽이었다. 버려도 누가 가져가지 않을 골동품 4번 우드를 애걸하여 내 최신 티타늄 우드와 바꿨는데, 이상하게 그 우드 4번은 바뀐 주인의 손에서는 신기를 발휘하지 못했다. 그러나 친구의 '감나무 나이스 샷'을 더 이상 보지 않게 되었으니 그렇게 손해를 본 것 같지는 않다.

근래 화제를 몰고 성큼 다가온 감나무가 또 있으니, 화가 오치균의 손가락에서 나왔다. 그는 물감을 캔버스에 올리고 붓 대신 손으로 그림을 그린다. 그의 그림 속에 등장하는 감은 아마도 우리나라에서 가장 비싼 감일 것이다. 소설가 김훈은 오치균이 그린 감을 일컬어 대지가 잉태한 생명이라 상찬하며 "푸른 그림 배경에서 하늘을 새로 봤다"고 했다. 늦가을 아련한 감을 그린 오화백의 예의 그 *임파스토impasto는 좀 과하지 않은가 하는 내 감상과는 별개로.

같은 감을 그렸으나 전혀 다르게 숨은 멋을 지닌 그림으로 중국 송나라의 선승 목계牧谿 13세기 후반의 선승이자 화가가 그린 「육시도」, 즉 '여섯 개의 감' 수묵화가 있다. 영국인 동양학자 아서 웨일리는 700살 먹은 이 감 그림을 평가하기를 "강렬한 열정이 깊은 고요에 쌓여 피가 멎을 듯하다"라고 했다. 그리고 피 멎을 듯한 이 동양의 미학이 영국의 노학자를 평생 일본과 중국에 머물게 했

----

* 임파스토 : '반죽한'이라는 이탈리아어로 유화 물감을 두껍게 발라 입체감을 내는 회화 기법을 말한다.

다. 이 감 그림은 중국을 떠나 일본 교토의 다이토쿠지大德寺에 보관되어 있다. 그러니 다이토쿠지는 목계가 고향 땅 중국에서 누리지 못한 명예를 함께 나누어도 무방하다. 이 그림을 지나친 적이 있다. 교토박물관에 갔을 때, 묵 자국 슬쩍 비치는 두루마리 앞에 줄 서 있던 많은 사람을 보고 취향 별나다 생각하며 지나쳤다. 줄도 너무 길었기 때문이다. 박물관 가는 길목마다 감을 그린 깃발이 그렇게 펄럭이고 있었음에도 말이다. 「육시도」, 13세기의 이 수묵화가 현대의 '젠zen'에 이르기까지 얼마나 영향을 주었는지를 까맣게 모를 때의 일이다.

2013년 주택으로는 아주 큰 규모의 '내촌목공소 산간한옥'을 서울 도심에 지었다. 종로구 한복판에 있으니 내촌목공소에 건축을 의뢰하는 분들이 매번 보기를 원하는 집이다. 내가 부탁할 때마다 안주인은 싫은 내색 한 번 없이 문을 열어주었다. 최근 그 댁의 주방 벽에 이런 글귀가 붙어 있었다.

감나무쯤 되랴

서러운 노을빛으로 익어가는

내 마음 사랑의 열매가 달린 나무는!

이것이 제대로 벋을 데는 저승밖에 없는 것 같고

그것도 생각하던 사람의 등 뒤로 벋어가서

그 사람의 머리 위에서나 마지막으로 휘드려질까 본데.

그러나 그 사람이

그 사람의 안마당에 심고 싶던 느껴운 열매가 되는지 몰라!

새로 말하면 그 열매 빛깔이

전생의 내 전(全) 설움이요, 전(全) 소망인 것을

알아내기는 알아낼는지 몰라!

아니, 그 사람도 이 세상을

설움으로 살았던지 어쨌던지

그것을 몰라, 그것을 몰라!

- 박재삼, 「한恨」

감나무를 보고 고작 골프 클럽이나 풀어내는 내 비루함이나, 사간동에 걸려 있던 오치균의 감나무 그림 연작이나, 설령 보는 이의 피를 멎게 한다는 교토 목계의 그림 「육시도」일지라도, 저 시인의 메타포에 비기겠는가. 설움으로 살았던지 어쨌던지 "그

것을 몰라, 그것을 몰라!" 감나무를 몰랐으랴, 지리산 골짜기 서

러운 시인은 감나무를 차마 부르지 못하고 "감나무쯤 되랴".

감나무로 만든 골프 클럽의 헤드.

부석사 무량수전의 배흘림 기둥은 활엽수 느티나무로 세워져
버젓이 우리 곁에 있고, 통영 세병관의 기둥은 참나무다.
소나무를 사용하는 것만이 전통이며 능사가 아니라는 뜻이다.

활엽수는 단단하고,
침엽수는 무르고

나무 이야기를 하다 보면 소나무 신봉자들을 자주 만난다. 최고의 목재는 소나무이고, 정원에는 소나무 한 그루쯤 있어야 한다고 생각한다. 아마도 문학 작품, 신문 기사, 평생 나무를 다듬어왔다는 목수의 이야기 등을 통해 소나무에 대한 비이성적이고 왜곡된 정보가 오랜 시간 뿌리내려왔기 때문이리라. 결론부터 말하자면 소나무는 최고의 품질을 가졌거나 특별한 개성을 지닌 목재가 아니며, 그저 지구에서 가장 흔한 나무다.

우선 나무를 구분해보자. 나무는 크게 잎이 넓은 활엽수와 바늘 같은 가늘고 긴 잎을 가진 침엽수로 나뉜다. 단풍나무, 참나무, 느티나무, 물푸레나무, 호두나무, 감나무, 대추나무, 자작나무 그리고 열대의 티크, 로즈우드, 흑단, 마호가니가 활엽수다. 소나무, 전나무, 잣나무, 가문비나무, 삼나무는 침엽수다. 혹자는 지구상에 활엽수를 대표하는 '참나무'와 침엽수를 대표하는 '소나무', 두 종류의 나무만이 있다고 알기 쉽게 설명하기도 한다. 단단한 활엽수 참나무^{oak}와 무른 침엽수 소나무^{pine}로 대별하면 친근하게 나무의 성격을 이해할 수 있다. 우리는 잎의 형태로 나무를 구별하고 있으나 영어로 활엽수는 하드우드^{hardwood}, 침엽수는 소프트우드^{softwood}라 부른다. 단단하니 '하드우드', 부드러우니 '소프트우드'다. 용어만으로도 나무의 성질이 명료하게 드러나니 근거 없는 '나무 속설'이 설 자리가 없다. 물론 오동나무 같이 아주 무르고 약한 예외적인 활엽수도 있지만 대부분의 활엽수는 소나무보다 단단하다.

흔한 나무가 있고 흔히 구할 수 없는 나무가 있으니 나무의 가격도 엄격히 수요와 공급이라는 시장 논리 안에서 형성된다. 그러니 비싼 나무라고 결코 물성이 뛰어난 나무가 아니다. 지구상에 자라고 있는 나무의 80%가 침엽수이고 나머지 20%가 활엽수라고 한다. 침엽수는 싼 가격에 대량으로 국제간 거래가 이루어지고 있으며 대부분 건축재로 사용된다. 반면 활엽수는 비싸며 대체로 귀한 대접을 받는데, 출하되는 수량이 침엽수에 비해 아주 적기 때문이다. 세계의 나무 거래를 살펴보면 우리나라의 소나무처럼 시장 가격이 왜곡되어 있는 경우도 드물다. 나무의 속설을 믿고 있는 건축가와 목수들이 우리 땅의 소나무를 육송, 적송, 금강송으로 부르며 세상 최고 품질의 나무로 간주하고 있다.

소나무는 공급이 많다 보니 당연히 국제간 거래에서도 싸게 거래된다. 그리고 소나무는 침엽수 중에서도 습기에 약하여 쉽게 썩는다. 우리의 전통 건축물이 제대로 보존되어 전해오지 못하고, 현재 우후죽순 지어지고 있는 한옥의 디테일이 이렇게나 미흡한 것은 소나무 건축만을 고집해온 탓이 크다. 전통 한옥은 원목으로 구조를 만든 건축이다. 전통 건축에 어떤 종류의 원목을 써도 상관없을 것인데, 우리 정서는 이 땅에서 자란 소나무에만 집착한다. 얼마 전 어느 기업인이 고향에 큰 규모의 한옥 콤플렉스를 완성했다. 듣기로 미국산 소나무로 건축했다고 하는데, 소나무를 쉽게, 경제적으로 구매했을 것이다. 우리나라는 한옥 건축과 모든 문화재에 우리 소나무만을 고집하고 있으니, 시장에서 소나무 값이 비싸졌다. 그러나 부석사 무량수전의 배흘림 기둥은 활엽수 느티나무로 세워져 버젓이 우리 곁에 있고, 통영 세병관의 기둥은 참나무다. 결코 소나무를 사용하는 것만이 전통이며 능사가 아니라는 뜻이다.

나무를 좋은 재목으로 만드는 데 빠뜨릴 수 없는 과정은 '나무의 건조'다. 제대로 건조되지 않은 재목(材木)은 나무의 좋은 물성을 살리지 못하고 쉬이 부패한다. 우리의 전통 건축에 국한해보면 과거에도 또 오늘날까지도 나무를 엄격하게 건조하여 집을 지은 것 같지 않다. 적당히 건조한 나무로 살림집을 지었다. 이런 전통과 '막기법'이 면면히 흘러 내려와 한옥 건축과 문화재 개보수에 그대로 남아 있다. 흔히 나무를 바닷물에 수년간 담가둔다거나 응달에 십수 년 두어 완벽하게 건조했다고 얘기하지만, 민간에 회자되는 속설일 뿐이다. 얇게 켜지 않은 나무를 원목 상태로 응달에 오래 보관한다고 나무의 속살까지 마르지는 않는다. 나무는 쪄서 건조하는 방법이 지금도 가장 널리 이용되고 있는데 스칸디나비아의 바이킹은 8~9세기부터 '로(爐 kiln 가마)'에 찐 나무로 배를 건조했다. 이는 매우 공학적인 방법으로, 로에서 건조하여 나무의 수분 함수율이 12%까지 내려간 목재와 자연 상태에서 말린 나무의 강도와 부패 지수는 치명적이라 할 만치 품질의 차이가 크다. 특히 소나무는 건조 정도에 따라 목재의 강도가 네 배나 차이가 나는 민감한 나무다. 근래 전 국민을 들끓게 한 광화문 현판과 남대문 보수 공사는 모두 '나무의 건조'와 관련된 문제라 해도 과언이 아니다. 광화문 현판의 나무가 갈라진 것도, 남대문의 지붕 처마가 처지는 현상도 사전에 충분히 건조하지 않은 목재를 사용했기 때문이다. 하지만 나무를 적절하게 건조하기 위해서는 오랜 시간을 인내해야 하고 또 넓은 공간이 필요하니 대단히 많은 비용이 들어간다.

지금 우리 산하를 물들이고 있는 단풍은 모두 활엽수 잎이다. 그런데 단단한 참나무, 단풍나무, 물푸레나무, 밤나무, 감나무 중 재목으로 쓸 수 있는 것이 별로 없다. 우람하고 곧은 나무가 드물기 때문이다. 아무리 '청도의 감나무'나 '가평의 밤나무'를 가지고 있다고 해도 건조 시설과 보관 장소가 미비하니 나무는 바로 부패하거나 뒤틀린다.

각국의 엄격한 산림 보호 정책으로 나무는 풍성해졌지만, 가구 등 고급 용재에 쓸 만한 활엽수는 우리나라뿐 아니라 전 세계의 많은 지역에서 아직 귀한 편이다. 그런데 비싼 활엽수를 미나리 뽑듯 솎아내어 수출하는 나라가 있으니 바로 미국이다. 전 세계가 고급 가구, 악기, 내장재에 미국산 활엽수를 사용하며, 심지어 프랑스는 자존심을 구겨가며 와인 숙성 통 목재도 미국산 참나무를 일부 수입해 쓰고 있다.

애팔래치아 지역 남쪽 애틀랜타에서 최북단 메인 주까지 대륙의 동쪽은 참나무, 물푸레나무, 호도나무, 느릅나무, 히코리, 단풍나무, 활엽수의 큰 밭이다. 늦가을에 이 지역을 여행하면 활엽수 단풍의 바다가 장관을 이루는 걸 볼 수 있다. 오죽하면 미국 대통령 문장의 독수리가 상수리나무 ^{참나무} 가지 위에 있고, 캐나다는 빨간 단풍잎을 국기에 넣었을까.

태초부터 인간은 숲에서 길러지고 나무에 의지해서 살아왔다. 단군 신화, 일본 고사기 ^{古事記 일본의 가장 오래된 역사책,} 메소포타미아, 스칸디나비아 신화에서도 박달나무, 삼나무, 물푸레나무는 인간에게 온전히 베푸는 어머니 같다. 일본 홋카이도의 너도밤나무, 미얀마의 기름 듬뿍 젖은 티크, 지중해의 상쾌한 사이프러스, 다뉴브 강가의 물푸레나무, 시베리아의 자작나무, 미국 시애틀과 캐나다 밴쿠버의 가문비나무, 이 나무들은 모두 그 지역의 신단수 또는 당산목이다. 이처럼 인간들은 자기 주변의 가장 흔하고 큰 나무에 의미를 부여하고 귀하게 모셔왔다. 우리 신단수는 볼품없고 빈약한 박달나무가 아니라 느티나무일 거라고 박상진 경북대 교수는 얘기한다. 나라 곳곳, 마을을 지키며 동네 어귀에 서 있는 당산목의 70% 정도가 느티나무라고 하니 느티나무가 한반도의 신단수였을 것이라는 그의 주장은 매우 신빙성이 있다. 느티나무는 이 땅에서 거수巨樹로 자라는 몇 안 되는 수종일 뿐 아니라 수형, 목리나뭇결가 아름답고 치밀하다. 부석사 무량수전의 기둥에 사용돼 오늘에 이른 것처럼, 잘 썩지도 않아 건축재로도 훌륭하다. 박달나무 대신 느티나무를 신단수로 모셨더라면 좋은 전통 목재 건축물이 더 많이 남아 있지 않았을까.

참나무는 기독교 문화에서 예수를 상징하고,
그리스 신화에서는 제우스의 나무다. 중국에서는 참나무를
'성스러운 코끼리' 이른바 '상목'이라 한다.
우리나라에서는 '참'나무라 부르고,
그리스에서도 '쿠에르쿠스'라 부른다니 놀랍다.

참나무는
없다

우리들은 숲길을 걸었다. 서울을 떠나올 때 시작되었던 가을은
미국 뉴욕 시의 남쪽 뉴저지 뉴턴에서는 이미 깊어가고 있었
다. 군데군데 노랑과 갈색 그리고 붉게 물든 나뭇잎들이 푸른
하늘과 어우러져 있었고 공기는 차고 깨끗했다.

"나무가 참 많네요?" 내가 묻자 이삭 신부가 대답했다.

"이게 다 참나무 숲이라는군. 그런데 요한 수사 그거 아나? 참
나무란 이 세상에 없다는 거 말이야." 참나무란 참나무 속에 속
하는 여러 나무들의 공통 명칭이라는 것을. 자료를 좀 찾아보
니 수피를 잘라내어 굴피집의 지붕으로 썼다는 굴참나무, 우리

수도원에서 여럿 순교자를 냈던 옥사덕의 지붕도 아마 이 굴참나무였을 거야. 떡을 상하지 않게 감싸주었다는 떡갈나무, 예전에 신발 깔창으로 대기 좋았다는 신갈나무, 묵을 쑤어 먹기에 가장 맛있는 열매를 맺는다는 졸참나무, 거기서 열린 도토리로 임금님 수라상에 올라갈 도토리묵을 쑤었다는 상수리나무…. 한마디로 도토리가 열리는 나무가 다 참나무라는 거야. "참나무는 20년은 되어야 비로소 열매를 맺기 시작한다고 하네. (중략) 요즘 같은 세상에 20년이 지나야 열매를 맺다니…. 그때 생각했어, 이렇게 약하고 어찌 보면 느린 나무에게 참이라는 이름을 붙인 우리 조상들을 말이야."

- 공지영, 〈높고 푸른 사다리〉

나무 일만 해온 때문인지 글을 읽다가도 나무 이야기가 나오면 한 번 더 눈길이 가고, 이 작가는 나무를 어떻게 묘사했나 짚어가며 보게 된다. 변죽만 울리며 쓴 경우가 있고, 때론 그 나무와 전혀 맞지 않는 글도 많다. 서두에 길게 소설을 인용한 이유는 참나무에 대한 묘사와 설명이 정확해서다. 미국은 참나무의 나라라 해도 과언이 아니다. 서부 캘리포니아의 북단이 '오클랜드 Oakland 참나무의 땅'이고, 강 건너 오레곤 주로 올라가면 또 오클랜드가 나온다. 미국 전역에 대체 오클랜드라는 지명이 얼마나 되는 건지! 참나무는 북미 대륙의 동부인 애팔래치아 전역에 펼쳐져 있다.

애틀랜타, 테네시, 노스 캐롤라이나, 버지니아, 펜실베이니아, 뉴저지, 뉴욕 주 곳곳은 미국 국내뿐 아니라 세계 참나무 목재의 공급 기지 역할을 하고 있다. 특히 뉴욕 주와 뉴저지 주의 참나무는 목재의 품질이 미국 내 다른 산지와 비교해도 월등히 우수하다. 그런데 세계의 목재 취급상이나 목수들 중 뉴욕과 뉴저지의 참나무를 화제로 삼는 이가 드물다. 미국 내수용으로도 그 양이 충분치 않으니, 해외의 수입 업자들은 뉴욕 주에서 그토록 좋은 목재가 생산되는 줄을 모르고 있는 것이 보통이다.

그런데 일본 나가노 근처 깊은 산골에 있는 한 가구 공장을 찾았다가 깜짝 놀란 적이 있다. 엄청난 양의 미국산 참나무를 쓰고 있기에 어느 지역의 나무인가 물었더니, 모두 뉴욕에서 가져온 것이라고 했다. 미국 동부 또 뉴잉글랜드 지역이라고 뭉뚱그리지 않고 특정하여 뉴욕산 참나무만으로 가구를 만드는 업체를 만나

다니. 일본 산골 벽지의 작은 가구 회사가 그 가격이나 품질은 차치하고 미국 구석구석에서 생산되는 목재의 품질과 개성을 샅샅이 꿰뚫고 있다는 사실에 나는 적잖이 감탄했다. 게다가 같은 참나무라도 뉴욕산은 남부 애팔래치아산 목재보다 20% 정도 비싸다. 생산업체에서 원가 절감을 아랑곳하지 않고 품질을 고려하여 10~20%가 비싼 원자재를 사용한다는 것은 쉽지 않은 일이다. 더구나 소비자가 특정 산지에 따른 미묘한 나무 품질의 차이를 알리 없을 텐데 말이다.

참나무는 북반구 어디에나 있는 나무다. 유럽 대륙의 어디서든 또 영국에서도, 와인과 위스키의 숙성 통을 만들 때 참나무를 사용한 것을 봐도 알 수 있다. 참나무에서 가장 키가 크게 자라는 것이 상수리나무다. 성경의 창세기를 보면 아브라함이 팔레스타인 땅에서 처음 만난 것이 상수리나무이고, 그의 신에게 제단을 쌓은 곳도 상수리나무 숲이다. 미국 대통령 문장紋章의 독수리도 상수리나무 가지 위에 자리 잡고 있는 것을 보면, 성경 창세기 이야기를 청교도가 세운 나라 미국의 상징으로 확장했을 것이다.

일제 강점기 시절인 1936년 베를린 올림픽 마라톤에서 금메달을 딴 손기정 선수에게 히틀러가 선사한 것도 참나무 묘목이었다. 예로부터 올림픽 마라톤 우승자에게는 월계관, 월계수를 수여했는데, 당시 히틀러의 독일은 그들의 참나무로 이를 대신했다. 참나무는 기독교 문화에서 예수를 상징하고, 그리스 신화에서는 제우스의 나무다. 손기정 선수는 모교 양정고등학교에 올림픽 마라톤 우승자의 참나무를 심었는데 이제는 아름드리나무로 자랐다. 당시 서울 만리동에 있던 양정고등학교는 목동으로 이사하고, 그곳은 손기정 체육공원이 되었다.

전 세계 어느 나라에서나 참나무를 귀하게 취급했다는 것은 그 이름으로도 알 수 있다. 중국에서는 참나무를 일컬어 '성스러운 코끼리' 이른바 '상목橡木'이라 한다. 흥미로운 건 우리나라와 그리스다. 아시아 대륙의 동쪽 끝, 우리나라에서는 '참'나무라 부르고, 그리스에서도 '쿠에르쿠스Quercus 참, 진리라는 뜻'라 부른다. '참', '진리'라는 이름으로 불려온 성스러운 나무, 참나무야말로 인류의 당산목이 아닐는지.

오프라 윈프리 쇼의 마지막 회를 잊을 수 없다. 나를 잠시 멍하게 한 것은 초호화 게스트들이 아니라 그녀의 마지막 멘트였다.

"이제 방송이 끝나면 미국 전역에 어린이집을 짓고 뜰에는 참나무를 심겠다"는 말.

*프랭크 시나트라의 팝송에도 참나무가 나온다. 노란색 리본을 고향집의 늙은 참나무 가지에 묶어 달라는 제목의 노래 「Tie a yellow ribbon round the old oak tree」. 형기^{또는 군 복무}를 마치고 집으로 돌아가는 사나이가 "노란색 리본을 참나무에 묶어두면 나를 받아주는 것으로 알겠다"라 했고, 남자는 버스에서 집 앞 참나무에 100여 개의 노란 리본이 묶여 있는 것을 발견한다.

1970년대 이 노래가 히트한 후 미국에서는 전쟁이나 테러 등 큰 재난이 발생했을 때 희망의 끈을 놓지 않는다는 뜻으로 노란 리본을 다는 풍습이 생겼다. 참나무에 달려 있던 노란 리본. 우리가 세월호의 슬픔을 새기며 노란 리본을 단 것도 1970년대 이 미국 팝송에서 유래되었다.

참나무는 노래 가사뿐 아니라 민속, 문학, 그림, 신화에서도 으뜸으로 간주되었던 나무다. 한번은 크리스마스 즈음 로마의 캄피돌리오^{Campidoglio}에 오른 적이 있다. 캄피돌리오는 고대 로마의 일곱 언덕 중 가장 높은 언덕이며, 그들의 최고 신이었던 '유피테르

---

* 프랭크 시나트라(1915~1998) : 미국의 국민 가수이자 영화배우. 대표곡으로 「My Way」 「Fly me to the Moon」이 있다.

주피터 Jupiter'를 모신 곳이다. 그런데 막상 올라보니 서울 남산 후암동 아래 야트막한 언덕보다도 낮은 정다운 언덕이었다. 키 작은 나무 몇 그루 아래 도토리가 떨어져 있길래 줍다가 올려다보니 참나무가 서 있었다. 2,000년 된 신전 터에 서 있는 참나무의 수령은 고작 30~40년에 불과해 보였다. 참나무 고목은 수없이 불에 타고 잘려 나갔겠지만 신神의 장소에 사람들은 변함없이 참나무를 심었다. 그리스, 지중해 연안에서 본 제우스 신전 터에는 꼭 참나무가 있다. 그리스 신화에서 신탁神託 신의 음성은 바로 참나무 잎에서 나는 소리를 듣는 것이다. 그리스 신화의 제우스와 로마 신화의 유피테르는 같은 신으로 천둥, 벼락, 참나무의 신이다. 재미있게도 산과 들의 나무 중에 가장 벼락을 잘 맞는 나무가 참나무라는 것이다.

흔하디 흔하지만 참나무는 목재로도 훌륭하다. 비중이 0.75~0.8로 무겁고 단단하여 가구를 만들기 좋은 수종이다. 가구를 디자인하는 건축가와 디자이너들이 선호하는 나무다. 단단한 나무지만 칼과 대패가 잘 먹혀 목수들의 손끝을 상쾌하게 해주기 때문이다. 파리의 퐁피두센터를 설계한 *렌조 피아노도 참나무 작업을 즐긴다. 이 세기의 건축가는 개념, 철학, 공간, 빛이 아니라 직접 손으로 먼저 모형을 만든다. 스튜디오에 마련해놓은 목공방에서 직접 건축 모형을 제작하고, 가구까지 디자인한다. 참나무의 나라 미국에는 참나무 수출을 촉진하기 위한 기구 AHEC^{American Hardwood Export Council}가 있는데, 2006년부터 글로벌 홍보 활동을 활발하게 펼치고 있다. 자국의 나무를 홍보하기 위한 사례로 이탈리아 렌조 피아노의 가구 작업과 한국 목수 이정섭의 가구를 들었다. 한국의 목수 이정섭도 참나무를 애용한다. 그의 첫 가구 전시 때 선보인 작품들은 모두 미국산 활엽수로 제작되었다.

우리 역사도 거슬러 올라 살펴보면 고려 시대에는 건축용 목재로 참나무, 느티나무, 소나무를 함께 사용했고, 삼국 시대와 선사 시대 유적지를 발굴하며 발견된 숯과 나무 조각을 분석하면 90% 이상이 참나무다.

나는 경북 경주에서 진행되고 있는 황룡사 복원 작업에 쓰일 재목으로 참나무가 어떨까 생각한다. 삼국 시대 한반도에서 가장

---

* **렌조 피아노**(1932~) : 이탈리아 건축가. 하이테크 건축의 대가로 파리 퐁피두센터, 광화문 KT 사옥을 설계했다.

용이하게 획득할 수 있는 나무는 참나무였으니. 엄청난 양의 참나무를 조달하기 위해서는 뉴욕 주의 최상급 참나무를 수입해 쓰는 것도 나쁘지 않다. 우리 산하의 나무만으로 전통 건축을 완성해야 한다는 보수적 주장은 다소 국수적이다. 그렇지만 강원도 깊은 산을 헤집어 겨우 만날 수 있는 몇 그루 소나무만으로 전통 건축을 해야 한다는 우리 사회의 여론은 거의 정설이 되어 있다. 우리 조상들은 삼국 시대에 이미 동남아시아의 단단하고 진귀한 목재를 수입해 사용했으며, 지금 프랑스, 독일, 일본, 중국도 다 미국의 참나무를 수입해 쓰고 있다. 1980년대 말 영국에서 웨스트민스터 사원을 대대적으로 보수하는 것을 본 적이 있다. 그들은 미국산 아름드리 참나무를 가지고 와서 조상 위패 모신 사원에도 성큼 사용하더라.

참나무는 역사의 길목 길목에서 중요한 역할을 해왔다. 프랑스와 영국의 기나긴 패권 다툼은 자국 내 참나무 숲이 얼마나 무성하며 또 황폐한지에 따라 승부가 결정되기도 했다. 참나무 숲은 인류의 오랜 역사에서 석유의 역할을 해왔고, 철광석을 제련하는 데도 쓰인 질 좋은 땔감이었다. 영국은 식민지 미국과 프랑스가 동맹하자 미국산 참나무를 구할 수 없어 배를 건조하지 못했던 때도 있다. 그리하여 독립 전쟁 당시 노후한 배를 가진 영국은 신생 임업 대국 미국을 이길 수 없었다. 이렇듯 풍부한 참나무 숲을 가진 나라가 강한 나라였다.

지금 우리나라의 산림도 약 30%가 참나무로 추산된다. 흔하지만 좋은 나무가 참나무다. 그러나 이 말을 듣고 '참나무 사냥'에 나설 이들을 위해 일러둔다. 우리나라 어디에도 참나무라는 이름의 나무는 없다. 상수리나무, 신갈나무, 떡갈나무, 졸참나무, 너도밤나무, 밤나무, 가시나무가 바로 참나무다. 우리 곁에 있는 참나무라고 부르지 않는 수많은 '참나무'를 발견해보시기를.

3장

오지에 나무를 심어라,
그래야 오래간다

좋은 것은 꼭 우리 것으로 만들어야 속이 풀리는 사람들이 있다.
심지어 잣은 한국 잣나무에서만 열리고
중국 잣나무에서는 나오지 않는다는 사람들도 있다.
왜 홍송은 모두 백두산에서 가지고 왔다고 하는지도 모르겠다.

홍송이
잣나무입니다

"홍송이 잣나무입니다."

이렇게 말하면 많은 사람이 의아해한다. 홍송을 최상급 품질의
소나무라고 알고 있는 이가 많기 때문이다. 얼어붙은 표정이 역
력한 분도 있다. "이 사람 얼토당토않구먼. 그 귀하다는 홍송 구
해 문짝 짜고 한옥 지었는데 잣나무라니!" 이들에게 잣나무는 무
르고 싼 나무다.

홍송에 대한 오해는 우리 소나무를 적송으로 부르면서 생긴 일
인 것 같다. 한자로 적송赤松은 붉은 소나무, 홍송紅松도 한자 풀이
로는 붉은 소나무다. 홍송은 우리 곁, 경기도 가평이나 월정사 입

구에 무성한 잣나무다. 붉은색이 왜 좋은 것인지는 몰라도 언제부터인지 상급 소나무에는 으레 일본식 한자 이름인 '적송'이라는 이름이 붙는다.

몇 년 전 고려대학교 경영대학 교수들이 내촌목공소에서 워크숍을 한 적이 있다. '나무 이야기'를 하며 그들을 둘러보니 하나같이 미국 명문대 출신이다. 전공과는 아무 연관 없는 나무 이야기를 그저 교양 삼아 들으려니 생각했는데 듣는 자세가 여간 진지하지 않았다. 이들은 무엇 하나라도 놓치지 않을 자세로 버티듯 앞에 앉은 '최악의 수강자'였다. "소나무의 영어 표현 Japanese red pine은 일본 붉은 소나무를 그대로 옮긴 것이고, 잣나무가 영어로 Korean pine, 한국 소나무입니다"라고 설명하는데 듣는 이들의 의아한 표정이 느껴졌다.

한참 후 워크숍에 참석했던 한 교수를 만났다. 그가 이야기하기를 잣나무가 한국의 소나무, 'Korean pine'이라는 내 강의가 영 미덥지 않았는데 학교에 돌아와 보니 고려대학교를 상징하는 나무가 바로 잣나무더라는 것이었다. 누가 고려대학교의 교목으로 잣나무를 정했는지는 몰라도 아마 「찬기파랑가」의 잣나무, 'Korean pine'을 제대로 알고 있는 이였을 것 같다. 향가 「찬기

178

파랑가」는 화랑 기파랑을 기리며 그의 절개와 태도를 잣나무의 높은 기상에 비유했다. "아아 잣나무 가지 높아, 서리 모르시올 화랑의 우두머리시여." 이렇듯 화랑 기파랑을 높은 잣나무로 비유할 만큼 잣나무는 이 민족의 기상이었다. 사람들이 고려대학교를 민족 사학이라고 부르는데, 잣나무가 교목인 것이 마침 적절하다.

한번은 문살을 오래 만들어온 목공 장인을 만나 뵈었다. 인간문화재로 지정된 분인데, 듣기로는 초등학교만 마치고 지금껏 문살만 짰다고 한다. 무슨 나무를 쓰시느냐 물어보니 '홍송'이라고 했다. 나무는 어디서 구하느냐 여쭈니 백두산에서 들여온 홍송이라고 한다. "이제 우리나라에도 제법 굵은 잣나무가 있던데요" 하니 "우리 잣나무는 못 쓴다. 백두산 홍송이 문살 짜는 데 최고다"라는 답이 돌아온다. 이럴 땐 예의를 갖추고 바로 물러서야지 50년 나무와 대패를 다루어온 분께 맞설 수는 없다.

인간문화재 어른은 이렇게 얘기했다. "잣나무, 에이 그런 잡목은 물러서 못 써요." 인간문화재 소목장도 '홍송'이라는 별개의 나무가 있으며, 아주 양질의 고급 나무라고 알고 있다. 이런 고착된 이름의 힘 앞에서는 사실도 이성도 적용되지 않는다.

이뿐인가. 어느 큰스님은 지금까지 당신이 해온 건축 불사가 100채가 넘는다고 했다. 내게 경내를 직접 안내해주시는데 광활한 산속이 불사로 발 디딜 틈이 없었다. 스님은 현대 건축가, 목수들의 이름부터 육송, 적송, 춘양목 등 나무의 산지까지 꿰뚫고 계셨다. 요사채절에 승려들이 머무는 집의 문살도 솜씨가 단정하니 얼마나 정성을 들였을지 짐작이 갔다. "홍송 문살이에요, 처사님." "큰스님, 홍송이 잣나무입니다." 큰스님은 대꾸하지 않고 들은 체도 하지 않았다. 나는 잠자코 있어야 했다.

교회에서도 비슷한 일이 있었다. 아름답게 교회를 짓고자 아름드리 홍송을 준비해두었는데 나무를 봐달라며 나를 초청했다. 목사님의 오랜 업적에 감동하고 있는 신도가 러시아에서 가지고 온 나무라고 했다. 나무를 보러 가서 이 방향, 저 방향으로 켜야 하고 말린 후 어떻게 적재하는지를 설명하고 왔다. 교회에서 건축을 담당하는 분께 이게 바로 잣나무라고 했더니 큰스님과 어찌 그렇게 똑같은 표정을 짓던지.

잣나무는 침이 다섯 개가 붙어 있어 오엽송五葉松이라고 하고, 소나무는 침이 두 개니 이엽송二葉松이다. 한국 잣나무Korean pine는 우리나라를 비롯해 동아시아, 만주, 극동 시베리아, 일본 중부 고산 지대에 분포해 있는 흰 소나무white pine이다. 한국산 잣은 과거에 중국으로 보내는 공물貢物리스트에 빠지지 않았고, 중국에서는 우리 잣나무를 '신라송', '해송'으로 기록하고 있다.

좋은 것은 꼭 우리 것으로 만들어야 속이 풀리는 사람들이 있다. 심지어 잣은 한국 잣나무에서만 열리고 중국 잣나무에서는 나오지 않는다는 사람들도 있다. 왜 홍송잣나무은 모두 백두산에서 가지고 왔다고 하는지도 모르겠다. '홍송 문살 짜는 분들'은 모두 백두산에서 가지고 온 원목을 쓴다고 하지, 라오스산이나 중국산, 시베리아산이라 하는 경우가 없다. 하긴 북한 김정은 국방위원장의 아버지 김정일도 백두산 밀영지 출생이라고 하니, 나무든 사람에게든 백두산의 기운이 큰가 보다.

요즘 한옥 건축 붐으로 홍송 수요가 늘어 가격이 오르자 라오스, 캄보디아 고산 지대의 홍송이 계속 들어오고 있다. 목수가 목재 산지를 속일 리는 없고…. 아니, 그들은 산지를 모르고 있다는 편이 맞겠다. 중국과 북한 모두 백두산 벌채를 금하고 있다. 라오스, 중국 헤이룽장성黑龍江省에서 가지고 온 잣나무를 백두산 홍송으로 둔갑시키는 판매상들의 허튼 설명을 검정하지 못했을 뿐이다. 남벌로 연해주, 시베리아, 헤이룽장성 지역의 잣나무 숲이 급

격히 사라지고 있다. 이에 따라 영국 런던의 세계야생보호기금 WWF에도 비상이 걸렸다. 잣나무 숲이 사라지니 시베리아 호랑이, 아무르 호랑이, 야생 곰의 개체 수도 줄고 있다. 잣나무 숲은 포식자 호랑이의 먹이 사슬을 벗어나지 못하는 너구리, 멧돼지의 주 서식처이기 때문이다.

"서울대학교 부속 수목원에는 잣나무가 줄지어 심어져 있다. 항상 싱그럽고 짙푸른 잣나무 잎새들은 그 늠름한 기상으로 보는 이에게 강한 인상을 주곤 한다. 정문에서부터 유독 잣나무를 수백 그루 심어 놓은 것은 이 잣나무가 한국을 대표하는 소나무이기 때문이다. (중략) 잣나무가 '코리언 파인(Korean pine)', 즉 '한국 소나무'로 소개되어 외국인들은 우리가 그 열매를 잣이라고 부르든 말든, 소나무가 우리나라에 더 많다는 것에 상관없이 그저 잣나무가 한국을 대표하는 소나무라고 알고 있다. 잣나무의 학명도 '파이너스 코라이엔시스(Pinus Koraiensis)'여서 이 나무가 한국의 나무임을 분명히 하고 있다."

임학자 이유미의 〈우리 나무 백 가지〉에서 따온 글이다. 이런 잣나무를 우리나라의 '소나무교 신도'들은 재목으로 적합치 못한 나무, 잡목이라며 천대한다. 이유미의 같은 책을 한 번 더 인용해본다.

"잣나무는 목재로도 한몫한다. 연하고 무늬도 아름다우며 색
도 좋고 틀어짐이나 수축과 팽창이 적고 가볍기까지 하여 우리나
라에서 가장 좋은 목재로 취급된다."

이 잣나무가 바로 우리 홍송이다. 진고개 위 명동성당을 지을
때 백두산 지역의 잣나무를 사용했다는 기록이 근자에 발견되었
다. 확실한 백두산 홍송이다. 우리 국토 백두산에나 쭉쭉 뻗은 목
재가 있을 때였다.

내 기억 속 첫 잣나무는 흑백 TV 시절의 〈대한뉴스〉를 통해서
다. 왜 그때는 대통령이 유실수까지 지정하며 나무 심기를 독려
했을까? 잣을 움켜진 초등학생들이 대통령께 자랑하던 모습이
눈에 선하다. 경기도 가평에서 수확한 잣이었고, 이를 받고 파안
대소하던 사람은 고故 박정희 대통령이었다.

의자 한 점에도
역사와 신화, 문학, 미술
그리고 철학이 담겨 있다.

대통령의
의자

아직 여름 더위가 채 가시지 않은 날, 〈대통령과의 대화〉가 TV로 생중계됐다. 잘 가꾼 잔디가 깔린 청와대 뜰에서 대통령, 사회자, 시민 대담자들이 임시로 만든 것으로 보이는 단상 위에 앉아 대화를 하고 있었다. 벌써 전임의 전임 대통령 때다. 아, 세월.

단상 위에는 조지언Georgian 스타일로 보이는 의자가 놓여 있었다. 대통령이 국민과 대화하는 자리에 우레탄 도장으로 광택이 두드러지는 짙은 고동색 리프로덕션 의자, 조지언 스타일 체어.

영국 전통 가구라고 하면 17~18세기 조지 왕조 시대의 조지언 퍼니처를 말한다. 유명한 *치펀데일 Chippendale 은 그 시대를 대표하던 브랜드다. 원래 조지언 퍼니처는 영국을 비롯한 유럽 대륙의 단단한 호두나무로 만든 고가의 가구였다. 그러다 유럽에서 호두나무를 구하기 쉽지 않자 식민지 라틴 아메리카의 마호가니로 대체하여 가구를 만들었다. 최고급 목재로 만들었으니 당시에도 왕족, 귀족, 신흥 부르주아 등 구매력 있는 사람들만 살 수 있는 비싼 가구였다. 제2차 세계대전 후 미국 중산층의 구매력이 세계 경기를 쥐락펴락할 정도가 되었지만 영국과 미국에서 수공으로 만든 조지언 퍼니처를 구매하기는 쉽지 않았다. 고가였기 때문이다. 이에 미국의 가구 유통업체들이 동남아에서 만든 조지언 '스타일' 가구를 대량으로 수입해 갔다.

1970~80년대 우리나라에서도 소량이나마 미국에 수출했지만, 당시 최대 공급국은 타이완이었다. 일본말 구루미(くるみ)라고 부르는 필리핀산 열대 호두나무도 조지언 가구의 재목이 되었다. 동남아산 나무로 만든 것은 유럽, 미국의 호두나무로 제작한 가구와 달리 무르고 무늿결의 색깔도 옅으니 고동색 칠을 짙게 하

....

* 치펀데일 : 조지 왕조 시대의 가구 제작자 토머스 치펀데일(Thomas Chippendale, 1718~1779년)에게서 비롯된 말.

고 우레탄 도장으로 마감했다. 가구에 짙은 고동색을 올리는 것은 18세기 영국 호두나무 가구의 색깔을 흉내 내기 위해서다. 얼핏 보면 영국이나 미국에서 제작한 것 같기도 하나 싸게 대량 생산한 가구는 매무새가 조악하다.

미국 전역, 특히 노스캐롤라이나의 가구 도시 하이포인트와 캐나다, 호주 등지의 가구 할인점과 온라인 시장에는 조지언 퍼니처, 치펀데일 가구가 넘쳐난다. 스페인이나 이탈리아에서 제대로 만든 조지언 리프로덕션 가구도 있지만 거의 중국, 베트남, 인도네시아에서 리프로덕션한 것들이 유통된다. 미국이나 영국에는 웬만한 형편의 사람도 할아버지 할머니에게 물려받은 조지언 퍼니처나 빈티지 숍에서 구매한 가구를 집에 혹은 본인 사무실에 두고 자랑하는 사람이 많다. 그렇지만 동남아에서 리프로덕션한 조지언 가구는 이민자, 제3세계 가정, 경제적으로 넉넉하지 않은 사람들을 타깃으로 한 정크 가구다. 그 사람이 구매하는 가구에 따라서 사람살이 계층을 구분하는 경망함은 비난받아야겠지만 실상이 그러하다.

대한민국의 대통령직은 1980년대 중반, 이 땅의 도저到底한 피플 파워로 정착되었다. 이렇게 정치 지도자를 민주적 절차로 교체하는 것은 아시아의 인근 국가인 일본, 중국, 북한, 싱가포르, 사우디아라비아와 크게 차별된다. 국민의 선거로 선출되는 대한민국의 대통령직은 무척 자랑할 만하고 명예로운 자리다. 보도를 보니 워싱턴 조지타운대학 빅터 차 교수도 한국 대통령 선거의 과정과 여야 후보자의 인격, 태도에 칭찬을 아끼지 않는다. 세계인의 한국 대통령직에 대한 인식이다.

그런데 자랑스런 대한민국 대통령이 리프로덕션한 의자에 앉아 있다. 마침 대통령의 의전과 행사를 담당했던 비서관의 기사가 눈을 끈다. 보통 사람으로 돌아와 파리의 오페라 극장 공연을 보며 근무하던 청와대 영빈관이 떠올랐다고 한다. 타이틀이 이러했다. '세계 의전 행사 장소 중 청와대 영빈관 가장 최악' 그리고 '국회, 개보수 공사 예산 절대 승인하지 않을 것', '영빈관 국격 보여주는 곳, 국가 격 아닌 국민의 격'. 그는 "말이 영빈관이지 어떤 상징도 역사도 스토리텔링도 없는 공간에서 국빈 만찬과 환영 공연 등 여러 국가 행사를 진행한다는 것이 늘 착잡했다"고 토로한다. 내가 평가한 번쩍거리던 대통령의 의자를 행사 담당 비서관도 인식하고 있었던 모양이다.

의자 한 점에 역사를, 문화를 언급하는 것은 속도와 효율의 시대에 지나친 여유일까? 영국과 일본은 왕이 있는 입헌군주 국가이니 아무래도 전통과 역사 의전에 더 치중하는 것 같다. 하지만 역사가 일천한 미국도 의미 있는 행사에는 대통령과 내빈을 위해 별도로 의자를 제작하거나 어떤 의미가 담긴 가구를 내놓기도 한다. 의자 한 점에도 역사와 신화, 문학, 미술 그리고 철학이 담겨 있다. 이러면서 이야기와 신화가 나온다. 역사는 이렇게 만들어지는 것이다.

요즈음 한반도를 둘러싼 정세가 연일 국제적 머리기사에 오르내리다 보니 관련 국가 정상들의 집무실을 생생히 보게 된다. 북한 핵, 미사일, 남북 간 또는 한일 간의 갈등, 한미, 북중…. 북한의 젊은 지도자 김정은 국방위원장의 모습도 빠지지 않고 뉴스에 등장하니 마치 서울 여의도나 광화문에 북한 국방위원장이 있는 듯하다. 2018년 초여름, 김정은 위원장과 미국 대통령 트럼프가 싱가포르에서 첫 북미 정상회담을 가졌다. 우리 뉴스뿐 아니라 세계의 언론이 주목한 사건이었다. 알려졌다시피 두 정상이 서명할 때 쓴 테이블은 싱가포르 초대 대법원장이 사용하던 것을 박물관에서 가지고 왔다고 한다. 회담의 내용뿐 아니라 의전과 형식으로 티크 원목 테이블을 중앙에 두는 것을 보며 이벤트의 무게를 읽을 수 있었다. 2019년 1월에는 평양의 공산당 서기장실에서 회견하는 북한 지도자의 모습을 뉴스가 전했다. 오래전 인테리어를 한 공간은 아니고 최근 단장한 것으로 보인다. 북한에서 만든 것인지 유럽에서 제조한 가구인지는 구별할 수 없었지만 제대로 만든 조지언 스타일 가구와 의자였다. 벽과 조명까지 가구와 일치하는 조지언풍이다. 북한이 개방에 대한 의사를 공간의 이미지로 국제 사회에 보여주는 것이리라. 북미와 남북 협상까지 지레 낙관하게 된다.

영국의 작은 마을 헤이온와이Hay-on-wye는 헌책을 파는 동네로 유명하다. 잉글랜드와 웨일스의 경계에 있는 평범하고 교통마저 불편한 동네인데 여기서 매년 5월 말 헌책 축제가 열린다. 축제 기간에 세계적으로 알려진 인사가 방문하여 연설을 하는 프로그램이 있다. 내가 그곳에 간 해에는 미국에서 앨 고어 전 부통령이 온다고 했다. 이 마을의 작은 제재소에서는 가구를 만들고 있었다. 영국 왕가에 들어가는 원목 가구를 만드는 두치 오리지널스Duchy Originals다. 명목상 이곳의 대표는 찰스 왕세자인데 수익의 10%는 웨일스 저소득층 자녀를 돕는 기금으로 쓴다. 30대 초반에 옥스퍼드대 교수를 그만두고 목수 경력 얼추 30년 차인 시골 영감 빌은 앨 고어의 엉덩이가 굉장히 크다며 행사 단상에 놓을 나무 의자를 짜고 있었다. 이 초라한 마을에서 어떻게 이런 격이 있는 행사를 치르고, 움직이기만 해도 뉴스가 되는 세계적 인물들을 불러올까 의아했는데 지금은 돌아가신 역사학자 *에릭 홉스봄 선생이 헤이온와이에 살고 계셨다. 빌 클린턴, 앨 고어, 빌게이츠, 넬슨 만델라 등 독서광이 에릭 홉스봄이 사는 동네에서 불러주니 강연료 없이도 달려온 것이다. 두치 오리지널스의 빌 영감이 만들어 영국 여왕도 앉는다는 의자는 사실 좀 어설픈데도 말이다.

일본의 바닷가 작은 마을 이즈 이나토리에는 일본 왕가의 가구를 제작하고 보수하는 마루헤이丸平가구가 있다. 도노카 가족이 대를 물려 경영하는데 영국과는 달리 왕가의 가구 이미지 등을 공식적으로 발설하지 않는, 자부심 가득한 목공 장인 집안이다.

일본은 전통적으로 무늬목, 즉 *베니어veneer를 붙인 가구가 아

....

* 에릭 홉스봄(1917-2012) : 20세기 최고의 역사학자이자 마르크스주의자. 재즈 비평가로도 활동했다.
* 베니어 : 원목을 얇게 켠 나무판으로 합판을 만들 때 쓰인다.

주 발달한 나라이다. 고급 무늬목을 합판에 붙인 화장 합판^{fancy} plywood이란 용어도 일본에서 비롯되었다. 이 일본 열도에 최근 원목 가구가 대유행인데, 거의가 스칸디나비안 스타일의 가구다. 홋카이도, 나가노는 물론이고 후지산 기슭의 아틀리에든, 규모를 갖춘 가구 제조업체이든 모두 북유럽풍 일색의 원목 가구를 따라 만들고 있다. 하지만 마루헤이가구만은 꿋꿋하게 일본식을 고수하고 있다. 왕실 살림을 관장하는 눈 밝은 궁내청은 이를 놓치지 않고 천황의 공간에 고집스러운 마루헤이가구를 들였을 것이다.

의자 이야기를 하면서 네덜란드 디자이너 피트 하인 이크^{Piet Hein Eek}와의 에피소드를 빼놓을 수 없다. 5~6년 전쯤 하인 이크가 한국을 방문하여 *아름지기의 함양 한옥에도 묵었고, 내촌목공소가 짓는 평창동 '산간 한옥' 현장도 방문했다. 하인 이크가 온다고 하기에 그의 홈페이지를 보니 영어와 네덜란드어 두 버전의 텍스트가 전부 일인칭으로 작성되어 있었다. 세계에서 가장 바쁜 디자이너가 직접 글까지 쓰고 있었던 것. 아인트호벤에 있는 피

---

* 아름지기 : 한국 전통문화의 아름다움과 가치를 찾아 현시대 생활 문화에 적용하고 세계에 알리는 활동을 하는 비영리 재단.

트 하인 이크 펌은 디자인 스튜디오일 뿐 아니라 가구 제조, 판매 숍, 레스토랑까지 운영한다. 거기에다 웹페이지에 책도 추천하는데 하인 이크가 최근에 〈토크빌〉을 읽은 모양이다.

"다시 읽은 〈토크빌〉, 아주 감동받았다"라 썼다. 토크빌은 유럽 대륙의 지성들이 미개한 신대륙 미국은 안중에도 없던 시절, 신생 미국의 민주제도를 격찬한 프랑스 철학자다. 〈레 미제라블〉의 배경이 된 혼돈의 19세기 초 프랑스, 귀족 청년 토크빌은 신대륙을 여행하고 미합중국의 민주주의, 시민사회, 대통령 제도에 큰 충격을 받았다. 왕의 권위는 신에게 받은 것이라는 왕권신수설로 나폴레옹도 촌뜨기 취급을 하던 유럽 대륙에서, 시민이 대통령을 선출하는 기이한 '민주주의'라니 얼마나 생소했을까.

〈토크빌〉을 읽은 디자이너가 만든 의자. 그제야 그가 스크랩 우드scrap wood로 만든 의자가 내 가슴에 들어왔다. 아리스토텔레스, 볼테르, 장 자크 루소를 읽어야 19세기 격동기 프랑스를 살았던 토크빌을 이해할 수 있다. 이 네덜란드의 디자이너는 에릭 홉스봄의 〈20세기〉는 당연히 읽었을 테다. 디자인도 하늘에서 뚝 떨어지는 영감만으로 완성될 수 없다. 어떤 작업도 역사와 맥락에서 등장하는 것이다.

피트 하인 이크의 스크랩 우드 가구는 버려진 폐목재로 만든다. 트럭의 방수포를 재활용하는 스위스의 플라스틱 가방 프라이탁FREITAG과 같은 개념의 작업이다. 나는 몇 가지 의자를 컬렉션하고 있는데 이제 피트 하인 이크의 의자도 나의 리스트에 추가하려고 한다. 디자인과 크래프트가 아니라 그의 개념을 지지하기 때문이다.

피트 하인 이크와 목수 이정섭은 내촌목공소에서 만든 호두나무 의자에 앉아 인터뷰⟨G.Q⟩ 국제판이 마련한 자리를 했다. 대담을 마친 후 근사한 프렌치 레스토랑으로 두 디자이너가 자리를 옮겼는데, 아이쿠, 레스토랑 의자는 전부 비트라Vitra 카피 제품이었으니, 파도야 어쩌란 말이냐.

폐목재로 만든 피트 하인 이크의 의자.

선생의 모습은 그의 느티나무 책상에서,
그 방을 돌아 나오며 눈에 뜨이던 원목 맞춤 책장에서,
직접 지휘하셨다는 손주 물놀이 공간과 돌담을 쌓은 데서
어른거리고 있었다.

박경리 선생의
느티나무 좌탁

안도 다다오 건축 기행차 일본 오사카의 *시바 료타로 문학관
에 갔을 때다. 안도 다다오가 설계한 이 문학관은 오사카 교외 시
바 료타로의 자택 옆에 별관으로 지어져 있었다. 문학관을 돌아
나와 왼쪽에 있는 그의 자택 안 집필실에 들어가니 당시 모습이
그대로 보존되어 있었다. 책상, 의자, 펜, 담요… 생전에 그가 사
랑했던 집기와 소품들, 손때 묻은 각종 사전과 애장서가 보였다.
소설가 사후 30년 세월에도 수수하게 남아 있는 공간에는 소설

....

* 시바 료타로(1923~1996) : 〈료마가 간다〉, 〈언덕 위의 구름〉을 쓴 일본의 국민 작가.

가의 체온도 남아 있는 듯했다. 바랜 나무 책상 옆에 서 있으니 글을 쓰던 백발의 소설가가 무릎 담요를 걷고 둥근 의자를 돌려 내게 미소 지을 것 같은 착각이 들 정도였다.

영국 런던의 찰스 디킨스 뮤지엄에서도 소설가의 책상을 생생하게 만날 수 있다. 그가 〈올리버 트위스트〉를 쓸 당시에 살았던 전형적인 빅토리안 양식의 집에는 책상과 의자가 실물 그대로 놓여 있다. 2012년 뮤지엄을 재개장하며 찰스 디킨스가 사용하던 책상과 의자를 구매하는 데만 78만 파운드^{약 12억 원}가 들었다는데, 놀랍게도 *내셔널 트러스트^{National Trust} 기금과 개인의 기부로 충당했다고 한다.

찰스 디킨스의 테이블과 관련된 이야기가 하나 더 있다. 2017년 가을, 크리스티 옥션에 자그마한 마호가니 원탁 테이블이 경매물로 나왔다. 디킨스 후손이 소유했던 테이블이 중국인 수집가의 손에 6만7,600파운드^{약 1억 원}에 낙찰되자 영국 예술부 장관이 즉시 국외 반출을 금지해버렸다. 예술부 장관의 코멘트가 감

---

* 내셔널 트러스트 : 1895년 영국의 경관과 해안, 전통 유산과 건축을 보호하자는 취지로 결성된 시민 단체. 이 분야에서는 세계 최초로 조직되었다.

동이다. "국가의 이익을 위하여 디킨스의 원탁 테이블을 지킨다. 위대한 유산을 영국에 두는 것은 우리의 권리다."

러시아의 대영주이며 백작이었던 톨스토이의 책상을 보면 그의 소설을 읽지 않은 사람에게도 슬라브의 삶이 고스란히 전달된다. 톨스토이는 〈안나 카레니나〉, 〈부활〉, 어린이를 위한 여러 편의 동화, 민중이 읽을 학습지를 야스나야 폴랴냐 집의 작은 책상에서 썼다. 그의 소박한 자작나무 책상을 보노라면 흙 냄새가 풍기고, 나무를 직접 잘라 목공 일도 했을 문호의 손마디도 떠오른다.

우리 시대에 가장 많은 책을 팔고 있는 미국 소설가 스티븐 킹의 공간에는 참나무로 만든 책상이 있다고 들었다. 그의 책 〈유혹하는 글쓰기〉에 보니 심지어 그는 여행지에서 빌려 쓴 책상의 나무 이름까지 기억하고 있다.

"가족과 런던의 브라운 호텔에 묵은 첫날, 위층이 소란하여 잠이 오지 않아 벨보이에게 글 쓸 수 있는 조용한 공간을 물었다. 벨보이는 이층 아름다운 책상이 놓여 있는 곳으로 안내하더니 키플링이 사용하던 책상이라며 자랑스러워했다."

호텔에 있던 키플링〈정글북〉의 작가의 책상은 벚나무로 만든 상판이

어마어마하게 커서 '1에이커는 될 만큼 넓어 보였다'고 한다. 글을 쓰고 나오는 스티븐 킹에게 벨보이가 말했다. "사실 키플링은 그 책상에서 죽었답니다. 뇌졸중으로, 글을 쓰다가."

스티븐 킹은 브라운 호텔에 묵으며 소설 〈돌아온 미저리〉의 뼈대를 잡았는데, 이후 소설 속에 탁자를 묘사하는 장면에서 키플링을 기리며 '벚나무 책상'이라 썼다고 한다. 미국 동부에 살고 있는 유명 소설가의 참나무 책상, 런던 호텔에서 〈정글북〉의 키플링이 쓰던 벚나무 상판, 여기에 소설 속의 벚나무 책상까지 엮으면 스티븐 킹 같은 천하의 이야기꾼이 아니더라도 근사한 이야기 하나 만들 수 있지 않겠는가. 참고로 벚나무는 곧고 크게 자란 나무가 흔치 않아 목재를 구하기가 쉽지 않다.

내가 박물관, 기념관 또는 호텔에서 본 작가들의 책상은 모두 원목으로 제작된 것이었다. 무늬목을 붙이거나 합판, 플라스틱, 유리, 대리석으로 만든 것은 보지 못했다. 마드리드 거리의 카페에서, 프랑스 파리 도심의 바에서 그리고 잠시 스쳐 간 일본 니가타 온천장의 앉은뱅이 나무 책상에도 사르트르, 헤밍웨이, *가와바타 야스나리가 있었다. '하늘에서 세상을 내려다보던 인물들일 것으로 상상했는데 이 위대한 작가들도 책상 앞에서 의자에 앉아 글을 썼구나.' 작가들이 사용했던 책상과 의자를 마주하면 글에서 받은 느낌 이상의 친근한 감동이 있다. 그들이 앉았던 책상과 의자 둘레에는 아직도 이야기가 남아 있다. 이야기는 전설을 만들고, 전설이 또 이야기를 낳으며.

한국에도 밀리언 셀러 작가가 많다. 생존 작가만 해도 어림잡아 열 분은 훌쩍 넘을 것이다. 밀리언 셀러 작가라면 책 판매 수입만으로 경제적인 성공까지 거머쥔 '구름 위의 작가'이다. 그런데 이 저명 작가들이 글을 쓰는 책상을 보니 아직도 영화 〈국제시장〉 문화 언저리에 있다. 우리 작가들의 테이블에서도 위로와 이야기 한 가닥을 듣고 싶은데, 애석하게도 우리 대통령의 책상, 의자 문화와 그다지 다르지 않았다.

소설가 최인호 선생은 요즈음으로는 이른 나이, 60대에 돌아가셨다. 선생이 돌아가시고 방송에서 우리 시대를 풍미했던 작가의 공간과 테이블, 펜까지 클로즈업해 보여주었는데 선생의 테이블은 유리로 제작된 것이었다. 도회적 취향으로 알려진 최 선

---

* 가와바타 야스나리(1899~1972) : 소설 〈설국〉의 작가. 1968년 일본 작가 최초로 노벨문학상을 수상했다.

생이 골랐을지도 모르지만, 방송으로 보이던 그 차가운 테이블이 여태 이미지로 남아 지워지지 않고 있다. 최근 국문학계의 큰 스승 김윤식 선생이 작고하셨다. 생전의 선생과 문학 전문 기자의 대담을 영상으로 보았는데 평생 교직에 계시며 글을 써왔던 이의 책상은 수수하였다. 자세히 비추지는 않았지만 책상 위에 두꺼운 플라스틱 필름이거나 유리가 깔려 있었다.

누구라서 멋진 공간, 개념 있는 테이블을 모를까. 우리는 너나 없이 숨돌릴 틈 없이 살았다. 근현대사 100년, 전쟁과 산업화와 고도 성장으로 그나마 고향도 버린 대한민국 생활사를 되짚으면 한자리에 터 잡고 사는 게 이제 고작 30~40년 세월이다. 이렇게 스스로 생각을 추슬러온 것은 테이블 위에서 작업하는 전문가들을 만나면 늘 그들의 작업대가 내 눈에 함께 들어왔기 때문이다.

참나무 책상 앞에서 이 글을 쓰는 중에 휴대폰으로 무닛결 선명한 우리 소설가의 책상 사진을 받았다. 박경리 문학관에 놓여 있는, 선생이 생전에 쓰던 낮은 상이라고 했다. 큰 상을 차릴 때 쓰던 교자상이다. 교자상은 아파트로 주거 환경이 바뀌기 전에는 그야말로 '국민 테이블'이었다. 명절, 잔치, 제사 등으로 식구가 많이 모이거나 손님을 맞으며 사용하던 상. 이미지만으로도 책상의 무늿결이 선명한데 느티나무 같았다. 느티나무는 한반도에서 가장 크게 자라는 나무다. 그런데 느티나무 교자상은 더 볼 것도 없이 합판에 무늬목을 입힌 것일 게다. 원목이 귀하던 시절, 국내 제조의 대부분 가구가 그러했지만 특히 교자상은 합판 위에 무늬목을 덧붙여 우레탄이나 옻칠로 마감했다. 습자지처럼 얇은 무늬목 위에 듬뿍 칠을 한 가구. 그러니 감촉도 생경하고 시간이 지나도 세월이 묻어나지 않는다.

느티나무 무늬. 그런데 작은 이미지는 내 판정을 머뭇거리게 했다. 교자상에는 대부분 느티나무 무늬를 붙였지만 간혹 엄나무를 쓰기도 했다. 두 나무의 무늿결은 구별이 힘들고 내 눈에 대한 확신도 과거 같지 않았기에 실물을 보러 나섰다. 강원도 원주에 있는 박경리 문학관은 내촌목공소에서 불과 한 시간 거리다.

문학관 해설자의 배려로 선생님 생전의 공간에 들어갔다. 이층 슬래브 집 현관을 들어서 만나는 오른쪽 넓은 방이 글을 쓰던 곳이며 선생의 침실이었다. 느티나무 교자상이 있었다. 다가가 보니 느티나무 원목으로 짜 맞춘 교자상! 그럴 리가 없을 텐데, 다시 살폈다. 다리는 굳건했고 상의 판면은 세월을 보여주며 터지고 벌어진 데가 많았다. 원목 가구다. 원주 옛집에서 1980년부터

18년간 살며 이 교자상에서 글을 쓰셨다고 한다. 〈토지〉 3, 4부를 낳은 낮은 테이블. 선생의 안경, 만년필, 국어사전이 놓여 있었다. 보고 또 살폈다. 느티나무 원목 교자상을 처음 보았다. 기성품 교자상이 아니라 선생께서 맞춘 집필용 테이블이 분명했다.

선생은 경상남도 통영 출신이다. 〈김약국의 딸들〉에 등장하는 간난眼難의 가족사가 펼쳐지는 통영이란 포구. 통영은 시인 유치환, 유치진, 김춘수, 또 작곡가 윤이상의 고향이다. 이뿐인가. 화가 전혁림, 조각가 심문섭까지. 북녘 사람 백석이 몽매에 그렸던 통영 처녀 천이가 살던 곳이다. 양반은 통영 갓을 써야 했고, 안방마님은 통영 자개농을 들였다. 아무리 세월이 운명을 뒤엎었기로, 통영 사람들은 문학과 예술을 안고 살아온 이들이다. 작은 지방의 소도시 통영에서 배출한 예인들만 열거해도 한국 현대 예술사가 충만할 정도다. 나는 취향의 표현이 모든 시대의 예술이라 생각한다. 박경리 선생의 모습은 그의 느티나무 책상에서, 그 방을 돌아 나오며 눈에 뜨이던 원목 맞춤 책장에서, 직접 지휘하셨다는 손주 물놀이 공간과 돌담을 쌓은 데서 어른거리고 있었다. 뜰에는 느티나무 세 그루가 있었는데 중앙의 한 그루는 수령 100년은 넘은 것 같고, 옛집 뒤로 지금은 문학공원이 된 터에도 300

년은 버텨왔을 느티나무 거수巨樹가 눈을 끈다. 선생의 터는 느티
나무 동산이더라. 겨울 느티나무 잔가지는 하늘과 겹쳐 있었다.
통영 출신 문호의 취향이 디킨스, 톨스토이, 시바 료타로, 스티븐
킹의 나무 테이블을 바라보던 나의 오랜 부러움을 가라앉혀버렸
다. 사실 나의 깊은 콤플렉스였다.

과실을 맺는 모든 나무는 단단하지만 작고 비틀어져
재목으로 사용하기는커녕 구하기도 힘들다. 에르메스의 가구는
가구 제작에 사용한 나무만으로 상상을 훌쩍 뛰어넘었다.

에르메스의
사과나무 가구

10여 년 전 여름, 중국 화가 *쩡판즈Zeng Fanzhi의 베이징 스튜디오에 들른 적이 있다. 타이페이에서 운영하던 병원을 접고, 느지막이 베이징 중앙미술학원에서 미술 이론 공부를 시작한 대만 친구가 마련한 자리였다. 베이징 작가들이 세계 현대 미술 시장에 지진을 일으키고 있던 때, 그해 봄에는 40대 화가 쩡판즈의 그림이 홍콩 크리스티 옥션에서 생존 작가로는 최고가^{200억 원이던가!}를

....

* 쩡판즈(1964~) : 중국 우한 출신의 현대 화가. 2008년 홍콩 크리스티 옥션에서 「마스크 작품 6」이 현대 미술품 최고가로 낙찰되며 유명해졌고, 2013년 홍콩 크리스티 옥션에서는 그림 「최후의 만찬」이 2,300만 달러에 낙찰되었다.

경신했으니, 열일 제치고 따라나섰다. 우리는 베이징 798 예술지구에서 지적인 쩡판즈의 스튜디오에서 만나기로 했다.

스튜디오는 1층, 2층으로 되어 있었는데 족히 660㎡^{200평}는 넘어 보였고, 실내 트레이닝 룸까지 갖추고 있었다. 그림은 두어 장 걸려 있었고, 내 눈을 사로잡은 것은 가구였다. 내가 앉았던 소파도, 벽 쪽의 콘솔도 중국에서 종래 볼 수 없던 매무새 있는 가구였다. 헤어지며 나는 작가에게 물었다.

"이 가구는 어디 건가요?"

이렇게 물었던 것은 젊은 화가가 손목에 두른 IWC 시계, 그리고 레몬을 띄워 내왔던 페리에 생수병 때문이었다. 베이징 화가가 유럽산 온갖 브랜드에 둘러싸여 있는 게 재미있어 가구의 브랜드를 물었다. 쩡판즈는 앞장서며 에르메스라고 답했다. 내가 가구의 뒤와 밑까지 살펴보며 에르메스가 제대로 건조한 활엽수로 만든 것이라 설명하니, 화가가 그렇게 즐거워할 수 없었다. 대만 친구가 웃으며 통역하기를 "에르메스 가구를 알아주는 사람을 처음 만났다"고 했단다. 나무 이야기가 시작되니 이제 쩡판즈가 나를 놓지 않는다. 그는 고향이 우한武漢 후베이성의 중심 도시이며, 본인은 베이징 중앙미술학원 출신이 아니라는 이야기, 그리고 이곳

말고도 별도의 작업실이 있다 하였고, 스튜디오 입구의 돌들은 풍수에 맞추었다고 했다. 재미있다. 그렇게 에르메스 가구 때문에 쩡판즈와 편하게 얘기하는 사이가 되었다.

쩡판즈의 에르메스 가구를 다른 이들이 알아주지 못할 만도 하다. 나도 그때까지 프랑스의 에르메스가 가구를 만든다는 것을 모르고 있었으니 말이다. 그 후 일 년이 지났을까. 에르메스가 가구 라인을 론칭한다는 뉴스가 나왔다. 이미 일 년 전, 베이징에서 그들이 제작한 가구의 나무까지 살폈는데…. 에르메스가 전 세계의 스타와 셀러브리티를 상대로 일정 기간 신사업 테스트를 한 뒤에 론칭을 했나도 싶다. 이 발표 후에도 반년, 그리고 일 년 뒤 도쿄에서 먼저, 나중에 서울의 에르메스 메종에서 그들의 가구를 볼 수 있었다. 이때 에르메스가 전시한 가구는 스툴, 의자, 작은 데스크, 화장대, 잡지와 책 걸대 등 소품 위주였다.

완벽했다. '에르메스의 장인 정신.' 에르메스는 마구馬具 제작으로 출발한 기업이니 가죽 제품의 품질이 좋은 것은 당연하지만 가방, 패션, 시계, 액세서리 등 취급하는 여러 라인의 크래프트가 어느 하나 뺄 것 없이 촘촘하다. 그런데 패션 브랜드가 가구까지 만든다니, 나는 내심 나무의 '휨, 터짐, 벌어짐, 수축, 부패…'는 어떻게 할지 우려하고 있었다.

그런데 놀랍게도 에르메스는 배나무와 사과나무로도 가구를 짰다. 배나무, 사과나무로 접시나 도마 같은 작은 민속 조각품을 만드는 경우가 있지만 에르메스는 이 나무들로 번듯한 가구를 만들었다. 보통 장인의 솜씨가 아니다. 과실을 맺는 모든 나무는 단단하지만 작고 비틀어져 재목으로 사용하기는커녕 구하기도 힘들다. 그렇게 직경이 작은 과실 나무를 가구 만드는 데 활용하는 것은 엄두를 낼 수도 없다. 에르메스는 가구 제작에 사용한 나무만으로 나의 상상을 훌쩍 뛰어넘었다. 프로방스 어느 마을의 배나무, 사과나무일 터이니 그야말로 슬로^{slow}, 오거닉^{organic}, 로^{low} 마일리지 아닌가. 지금 로컬^{지역성}은 환경과 생태의 시대에 가장 치열한 글로벌 주제가 되어 있다. 부러움과 존경이 절로 나왔다.

공항 면세점의 에르메스에는 가구가 놓여 있지 않으나 메가시티 서울과 도쿄, 파리의 메종에서는 가구와 리빙 코너가 점점 커지고 있다. 에르메스가 리빙 컬렉션 라인을 확장한 후 한 5~6년이 지났을까. 에르메스 가구에 변화가 보였다. 론칭 무렵에는 위에 언급한 작은 가구, 그리고 1910~20년대 '프랑스 레트로'를 주제로 한 라인만 갖추고 있었다. 모더니즘과 상관없는 바로크와 아르누보풍은 오히려 푸근한 느낌도 주었다. 그런데 어느새 가구 라인이 종합 가구업체 같아졌고, 대형 테이블과 콘솔도 놓이기 시작했다. 나는 에르메스의 이 큰 규격 가구에 대하여 에두르지 않고 이야기해야겠다. 에르메스는 가구를 거두는 것이 좋겠다고. 나는 에르메스 브랜드에 누구 못지않은 애정을 갖고 있기 때문이다. 에르메스의 비교할 데 없는 가죽 제품, 칼, 액세서리 등의 크래프트 정신은 내촌목공소 작업에 큰 영감을 주었다. 그 엄격한 마감!

패션 브랜드 중에 이탈리아의 유명한 두 업체 A사와 F사가 에르메스보다 먼저 가구 비즈니스를 시작했다. 그들은 국제적인 브랜드 파워로 한국뿐 아니라 세계 시장에서 그럭저럭 가구 라인을 잘 꾸려가고 있다. 그렇지만 이 두 브랜드의 가구를 보며 나는 그들 패션 왕국의 주력 제품에까지 의구심을 품는다. 물론 나는 패션, 스타일, 트렌드 그리고 그 제품의 패브릭과 가죽 등 소재도 잘 모르는 사람이다. 그러나 에르메스가 처음 가구를 시작할 때 보여준 크래프트맨십Craftsmanship과 나무의 철학으로 나를 감동시킨 것과 같은 이유로 이탈리아 유명 패션하우스의 가구 라인에는 실망하고 있다. 우선 사용한 소재가 싸구려다. 겉보기는 날아갈

듯한 디자인이지만 크래프트와는 거리가 먼 가구다.

그런데 근래 에르메스를 찬찬히 살펴보면, 긴 테이블 가구의 상판은 위의 이탈리아 브랜드와 다르지 않게 물푸레나무, 참나무의 얇은 무늬목을 붙였다. 양질의 악어가죽을 얻기 위해 악어까지 어찌어찌 사육한다는 에르메스에서 가구 라인을 확장하며 이런 나무 소재로 가구를 제작했다니, 이건 에르메스의 장인 정신이 아니다. 사과나무, 배나무를 사용해 만든 작은 규격의 에르메스 가구들, 장인 정신으로 충만했던, 내가 탄복했던 가구. 라인을 확장하며 내놓은 큰 규격의 가구들은 초창기에 생산하던 제품과는 다른 라인에서 생산한 것이 분명해 보인다.

어제는 미세 먼지로 서울 도심의 대기가 뿌옇고 숨 쉬기도 불편하다는 뉴스를 들었다. 나는 강원도의 청정 바람을 쐬러 오라고 둘 없는 친구에게 우리 집 사진을 문자 메시지로 보냈다. 우리 집 사진 밑으로 "에르메스 하우스, 내촌으로 숨 쉬러 오소!"라고 썼다. 에르메스가 자신들의 플래그십 스토어를 일컬어 'Masion Hermes of Paris'라 쓰고 있는 것을 알기에 우리 집을 '나의 에르메스 하우스'라며 우스개 문자를 보낸 것이다. 물론 여기서 에르메스는 브랜드 에르메스가 아니라 최상의 크래프트 작업에 대한 내 딴의 표현이다. 내 집은 목수 이정섭의 작업이고, 비할 데 없이 잘 지은 나무 집이니 나는 이 집을 서슴지 않고 에르메스 하우스라고 부른다. 내게는 잘 만든 작업, 최상의 품질을 얘기할 때 '그리스 신화 속 제우스의 전령 에르메스'보다 더 나은 표현이 없기 때문이다. 파리의 메종 에르메스에 보내는 나의 오마주다.

마음에 아름다운 풍경 하나를 간직한 사람을 찾기 힘들다.
그래서 건축과 특정 장소에는 특히 나무가 필요하다.
나무는 풍경을 만든다.
나는 이 풍경을 시민 한 사람 한 사람의 의식으로
만들어가야 한다고 생각한다.

*안도 다다오는
왜 나무를 심는가

일본 나고야를 여행할 때다. 시간이 어중간하여 기차역 안의
서점을 찾았다. 건축 코너에는 새로울 것 없이 유명 건축가들 이
름뿐이었다. '차라리 덴마크 젊은 건축가의 책을 살 것이지. 이
유명 건축가들의 화보는 서울에도, 밀라노의 아르마니 카페에도
놓여 있지 않은가.' 그러는 순간 내 시선을 빼앗은 것은 일본의
리빙 전문 월간지 〈카사 브루투스^{Casa Brutus}〉 표지에 쓰인 '안도 다

....

* 이 글의 제목은 일본 건축 잡지 〈카사 브루투스〉 특별판(2014년 12월 호)의 제목 'Why does
Ando plant trees?'에서 가지고 왔다.

다오의 최신&베스트 건축 가이드'라는 타이틀이었다. '최신 그리고 베스트라니 한번 훑어보지'라는 생각으로 책을 넘기던 중, 속으로 '하느님, 안도 선생은 사람이 아니네요. 그는 괴물입니다'라는 말이 절로 나왔다.

안도 선생의 여러 저작, 숱한 건축 화보, 세계 곳곳에 흩어진 그의 건축물까지 어지간히 봐왔다고 생각했지만, 내가 아는 것이 다가 아니었다. 스리랑카, 카리브해, 아일랜드 그리고 뉴욕, 도쿄, 오사카, 밀라노, 베니스, 상하이까지…. 그는 이토록 흥미로운 건축물을 언제 다 완성한 걸까. 그리고 잡지 뒷부분의 영어 발췌본을 보니 'Why does Ando plant trees?'라는 제목이 눈에 띄었다. 이 제목을 본 후 바로 계산대로 갔다. 〈카사 브루투스〉에 실린 그 아티클의 인터뷰는 이렇게 시작한다.

"보이는 풍경은 오사카 우메다 지역과 가까운 안도 다다오의 사무실이다. 우리는 그가 정해준 날짜와 시간에 맞추어 도쿄에서 오사카, 그러니까 그의 일상이 있는 장소로 내려갔다. 도착해서 안도를 보았을 때 그는 평소처럼 1층의 큰 테이블에서 미팅을 주재하고 있었는데, 그 큰 목소리가 온 건물 안에 울리고 있었다. 지하실 벽을 끼고 있는 형태의 복도가 5층까지 이어지는데 온통 책, 책, 또 책으로 덮여 있었다. 좁은 계단으로 4층까지 등산하듯 올라가니 안내한 방은 건축 모형들이 줄지어 가득 차 있다. 우리가 앉자 성급해 보이는 안도는 즉시 대화를 시작했다. 어떤 격식도 없이 바로 본론으로."

'참 똑같구나.' 이 글은 내 기억을 생생하게 불러냈다. 2015년에 안도 다다오 선생을 그의 사무실에서 만난 적이 있다. 일본 외무성의 스즈키 미쓰오 제주총영사가 만든 자리였다. 그날의 기억이 또렷하다. 약속 당일 아침 오사카의 아틀리에 1층 현관문으로 들어갔더니 곧장 안도 다다오 선생의 모습이 보여 움찟했다. 그는 전화를 받고 있었는데, 우리 일행을 4층으로 모시라고 직원에게 머릿짓을 했다. 〈카사 브루투스〉의 편집자들이 올라갔던 4층, 바로 그 방이다.

자리에 앉고 주변이 채 눈에 들어오기도 전에 안도 선생이 계단을 뛰어 올라왔다. 누가 '일본인들은 속내와 겉으로 표현하는 것에 차이가 있으니 주의를 기울여 들으라' 했나. 그는 스즈키 제주총영사의 요청에 "관심 없다"거나 "시간이 없어 갈 수 없다"라며 단박에 초청을 거절했다. 만남의 주제는 그해 5월 열릴 제주평화포럼에 안도 선생을 발제자로 모시는 것과 더불어 대한민국에 산재한 그의 건축물 보존에 관한 것이었다. 일본 외무성의 고위 공직자가 임지인 제주도에서 민간인 안도를 모시기 위해 오사카까지 찾아갔는데, 보통은 거절하는 표현으로 '고려해보겠습니다' 또는 '시간이 될지 모르겠네요' 정도의 인사치레는 하지 않는가. 심지어 그는 대화 중 간간이 전화도 받았고, 최악인 것은 그 짧은 시간에 전화기를 목에 낀 채 건축 예정지 스케치도 하더라는 것.

분위기가 어색해 나는 가지고 있던 내촌목공소의 카탈로그를 그의 앞에 꺼내놓았다. 안도 선생의 스케치 펜의 잉크가 말라 있는 것도 보일 만큼 바싹 마주 앉아 있던 나는 속으로 '내촌목공소 카탈로그 한번 보시지요'라고 얘기하고 있었다. 내 속내가 통했는지, 그는 슬쩍 보더니 두 번째부터는 한 장 한 장 넘겨 보고 또 넘겨 보기를 무려 예닐곱 번 반복했다.

그러더니 "이 사람 누구입니까?"라고 물었다. 스즈키 총영사가 자세히 설명을 시작했다. 안도 선생이 얼른 못 알아들었는지, 내가 목수 이정섭인 줄 알았던 것 같다. 사실 그 물음에 적잖이 실망했다. 나는 안도 선생이 한국의 목수 이정섭과 그의 작품을 잘 알고 있다고 들었다. 왜인고 하니, 안도 선생이 설계한 한국 내 건축 현장을 총괄하던 파트너가 목수 이정섭의 가구 작업 묶음^{카탈로그}을 선생께 전달했다 하였고, 또 2008년 제주도에 있는 안도 선생의 대표적 건축물에 목수 이정섭의 작업만 전시하는 공간을 만든 적이 있기 때문이다. 그런 연유로 내가 스즈키 총영사의 오사카행에 동행하게 된 것이다.

하지만 그의 다음 말 "요즘 한국 젊은이들은 무엇이든 잘한다. 건축도 잘하더라"에 신이 난 스즈키 제주총영사의 얼굴이 그제야 활짝 펴졌다. 안도 선생이 "잠깐만" 하며 뛰어 나가버릴 때까지 그날 테이블 위의 대화 주제는 한일 문화 교류와 제주도에 있는 안도 다다오 건축물 보존이 아니라, 한국 목수 이정섭의 작업으로 바뀌어 있었다. 스즈키 총영사는 본인의 제안이 거절당했음에도 불구하고 안도 선생의 한국 젊은이 칭찬에 싱글벙글 만족하고 있었다. (그에게 외교관은 천직임이 확실하다.) 자리가 파한 후, 안도 선생의 투박한 오사카 사투리를 일일이 못 알아들은 내게 한국 담당 건축가 야노 군과 스즈키 총영사가 전해주기를 "지금까지 세계 어디에서도 이렇게 힘과 깊이를 담고 있는 가구를 본 적이 없다"고 안도 선생이 말하더라는 것이다. 나보다 더 신난 총영사 부부와 일행은 그날 저녁 우메다의 이자카야에서 큰 사케

두 병을 비웠다.

　나도 내심은 안도 다다오 선생의 그날 표현이 '인사치레'인 줄 알았다. 그런데 오사카를 다녀오고 2주일 정도 지났을까. 안도 다다오 사무실에서 전화를 걸어 왔다. "실례합니다만, 혹시 이 프로젝트에 내촌목공소에서 가구를 제작해줄 수 있을까요? 그쪽의 상황을 모르면서 이런 부탁을 합니다"라며. 그리고 또 두어 달 후, 안도 선생이 직접 스케치한 가구 도면이 내촌목공소에 도착했다. 오사카공업고등학교 졸업이 최종 학력이라 알려진 노건축가의 "일본 속담에 떡 맛은 떡 만드는 사람이 제일 잘 안다. 내 가구 도면의 디테일은 제작하는 내촌목공소가 알아서 해주길 바란다"라는 말을 덧붙여서. 내촌목공소가 여러 건축가와 다양한 협업을 해왔지만 "가구는 당신들이 더 잘하지 않느냐"라며 일임하는 건축가를 그때까지 만난 적이 없었다.

　〈카사 브루투스〉의 안도 다다오 특집 '안도는 왜 나무를 심는가?'를 보기 전까지는, '안도는 뛴다'는 제목의 글을 써보고 싶었다. 노건축가가 자신의 아틀리에에서 이리저리 뛰어다니는 모습이 잊히지 않아서다. 하나 '나무'라는 표지 단어가 내 눈을 잡았고, 읽어보니 나무에 대한 그의 철학은 건축 이상의 비범함이 있었다. 그는 '도쿄 도시재생위원회'의 고문도 맡고 있는데, 도시 재편 프로그램 중 하나로 도쿄만에서 불어오는 바람길을 따라 녹지를 조성하는 프로젝트 *'도쿄 올림픽 바다의 숲'을 주도한 바 있다.

이 숲은 지금 도쿄뿐 아니라 세계의 숲이 되었는데도 안도는 여전히 만나는 사람마다 나무 심기에 1,000엔 기부를 강요(!)하며 후원자 50만 명 만들기 캠페인을 멈추지 않고 있다. 여기에 유명 그룹 U2의 보컬인 보노, 전 프랑스 대통령 자크 시라크, 노벨 평화상 수상자인 케냐의 왕가리 마타이까지 동참했으니, 오롯이 안도 다다오의 힘이라 할 수 있겠다.

안도는 '바다의 숲' 프로젝트를 진행하기 한참 전인 1995년에는 고베 대지진으로 폐허가 된 주거지를 재건축하기도 했다. 당시 하얀 목련을 비롯해 묘목 30만 그루를 심었는데, 하얀 목련은 망자를 위로하는 나무다. 오사카 바로 옆 동네 고베의 *아와지 유

....

* 도쿄 올림픽 바다의 숲(海の森, 2007년) : 거대 도시 도쿄에서 쏟아져 나오는 산업폐기물과 쓰레기 더미가 집적되는 매립지에 나무를 심자는 캠페인.

* 아와지 유메부타이 : 일본 고베 시, 아와지 섬에 안도 다다오가 건축한 리조트 단지. 나무 한 그루 없던 지역에 나무를 심고 꿈의 무대라는 장소를 만들었다. 계단식 정원이 특히 아름답다.

메부타이 리조트를 지을 때도 먼저 50만 그루의 나무를 심고 건축을 시작했다. *나오시마의 미술관들도 안도의 작품이다. 덧붙이자면, 그가 설립한 세토우치 올리브 재단은 산업 폐기물로 가득 찬 테시마 섬에 100만 그루 나무를 심어 자연을 살리자는 그의 의지를 실행에 옮기고 있다. 원래 귤이 유명했던 이 지역에 이제 올리브가 특산물로 추가되었다.

"왜 건축가가 이렇게 나무 심기에 전력을 기울이십니까?" 〈카사 브루투스〉는 건축가에게 물었다. "우리는 지금 부모가 자식을 죽이고 또 자식이 부모를 살해하는 뉴스를 들으며 살고 있다. 지역 공동체가 무너지고 있고, 나라가 분열되고 있다. 나는 이 재앙들이 우리 사회에서 아름다운 풍경이 사라지는 것과 깊이 관련되어 있다고 믿는다. 마음에 아름다운 풍경 하나를 간직한 사람을 찾기 힘들다. 그래서 건축과 특정 장소에는 특히 나무가 필요하다. 나무는 풍경을 만든다. 나는 이 풍경을 시민 한 사람 한 사람의 의식으로 만들어가야 한다고 생각한다."

....

* 나오시마의 미술관들 : 일본 배네세 그룹이 제련소가 있던 투박한 섬 나오시마를 예술의 섬으로 탈바꿈시켰다. 안도 다다오가 설계한 배네세 하우스, 지중 미술관, 이우환 미술관이 있다.

안도 선생은 나무 심기 운동을 주도하며 늘 묘목을 심는다고 한다. '어린아이 키우듯 나무를 돌보자', '한 그루 묘목이 숲이 될 20년, 30년의 유지 관리비를 시민 각자가 맡아보자'는 것이다. 이렇듯 시민의 참여에 주목하는 건 나무 심기를 통해 인간의 '선한 관계'를 회복해보자는 건축가 안도 다다오의 외침이다.

언젠가 목수 이정섭에게 "20세기 이후 지금까지의 건축물 중 딱 하나만 꼽는다면?"이란 질문을 한 적이 있다. 표현이 어눌한 이 목수가 단박에 "안도 다다오의 빛의 교회"라고 대답한다. "아니, 르 코르뷔지에, *루이스 칸, *페터 춤토르도 있지 않으냐"라며 반문하니 그가 이렇게 설명했다. "코르뷔지에는 예수님이고, 루이스 칸과 춤토르는 시인이지예. 안도는 건축가 아임니꺼?" (마산 출신 이정섭은 건축가 김수근 선생의 *양덕 성당을 보며 자랐

<hr>

* 루이스 칸(1901~1974) : 에스토니아 출신 미국 건축가. 대표 작업으로 예일대 아트 갤러리, 소크연구소, 방글라데시 국회의사당 등이 있다.

* 페터 춤토르(1943~) : 스위스 건축가. 브레겐즈 예술회관, 콜룸바 뮤지엄, 발스온천 건축이 알려졌고 2009년 프리츠커상을 수상했다.

* 양덕 성당 : 1978년 완공한 경상남도 창원시 마산교구의 주교좌 성당. 건축가 김수근(1931~1986)의 대표 작업 중 하나로 서양의 양식이 아닌 한국적인 모습으로 지은 건축이다.

다.)

　빛의 교회는 오사카에서도 어지간히 가난한 동네에 있다. 몇 년 전 그의 자서전 〈나, 건축가 안도 다다오〉를 읽었는데, 안도 선생이 붉은 펜으로 빛의 교회 스케치와 서명을 하여 책을 내게 주기에 또 한 번 읽었다. 자신의 건축 역정, 젊은 날, 가난한 시절, 가난한 건축, 빛의 교회를 의뢰 받아 고민했던 때를 회상하며 책은 끝난다. "마음이 가난한 자는 복이 있을 것이니 천국이 그들의 것이요." 예수의 산상 설교다. 오사카의 가난한 이들이 빛의 교회를 만들었으니, 그들이야말로 예수께서 보증한 천국을 소유한 것이리라.

　이 '괴물 건축가' 안도 선생이 최근 투병 중이라고 한다. 선생이 예의 그 큰 목소리를 오래 간직하시기를. '안도는 뛴다'라는 타이틀로 그에 대한 글을 쓸 기회가 내게 온다면 나로서는 더할 나위 없겠고.

가다가는 세우고 돌아서서는 또 세웠다.
산길이 미국의 애팔래치아보다 더 가팔랐다.
이 오지 악산에 후딱 자라는 속성수가 아니라 활엽수를 심었다.
놀라운 선택이다. 참나무, 가래나무, 자작나무 등
활엽수의 뿌리는 땅 밑으로 깊고 깊게 자리 잡는다.
활엽수는 '뿌리가 깊은 나무'다.

민둥산에
심은 나무

몇 해 전 일이다. 어느 대기업과 일을 한 적이 있었다. 그룹 내 연수원 내부 공간을 단장하는 프로젝트가 있는데 그곳에 비치할 가구, 목재 가공품 등에 목재 컨설팅을 해달라는 것이다. 평소 특정 장소에 들어가는 가구나 목재 건축의 경우, 사용할 나무의 이야기와 메타포를 고려하는 것이 마땅하다고 여기고 있었기에 그 현장에 부합하는 목재를 추천했다.

그런데 며칠 뒤 프로젝트 담당 매니저로부터 연락이 왔다. "윗분께서 다른 나무를 검토해보라고 하십니다." 다시 생각해봐도 그 공간에 내가 추천한 나무보다 더 적합한 것은 없다고 생각해

재차 물었다. "위에 분이 누구인가요?" "회장님입니다." '무어라, 회장님이?' 공간의 장식용으로 사용할 나무를 정할 때 이럴까 저럴까 물어보는 사람을 별로 만나보지 못했다. 건축가나 디자이너들이 간혹 무늬나 색상을 묻는 경우가 있고, 물에 썩지 않는 나무, 단단한 나무가 무어냐는 질문은 가끔 받는다. 하지만 나무의 상징성과 의미를 두고 함께 이야기를 나눠본 적은 없었다. 사용할 목재에 대해 근거를 설명하면 대개 클라이언트들이 나의 제안을 수용하였다.

그런데 이번 현장에서는 실무자가 아니라 그룹의 총수가 나무에 관한 의견을 제시했다. 드문 일이었다. 프로젝트 매니저의 설명은 이러했다. 회장님이 어린 시절, 아버님 손에 이끌려 충주 인등산에 나무를 심었는데 벌써 40년이 지나 얼추 50년 세월이다. 이 나무의 상태를 한번 봐달라. 가능하면 그 나무로 가구, 기물을 만들어 그룹의 내부 공간에 사용했으면 한다. 그러니 인등산의 나무를 한번 봐달라는 것.

그렇게 인연이 시작되었다. 산길을 한참 들어가니 그룹의 연수원이 있었다. 여기 인등산은 면적만 1,155만㎡ 350만 평이고, 이 밖에도 이 그룹이 전국에 약 4,950만㎡ 1,500만 평의 산림을 보유하고 있다는 설명을 들었다. 나는 관리인을 옆에 앉히고 직접 차를 몰아 숲길로 들어섰다. 어딜 가나 임도^{林道 forest road}는 험한 법이다. 가팔라 보이지 않는 산이라도 벌채할 나무가 서 있는 지점으로 접근하기 위해 작업로를 내기 때문에 편안한 길이 없다. 그래서 내가 운전대를 잡았다.

우리 땅에서 나무 상태를 확인하러 숲에 들어가게 될 줄은 한 번도 상상해본 적이 없다. 내가 마지막으로 나무 벌채의 타당성을 확인하러 간 것은 캐나다 밴쿠버 아일랜드의 숲으로, 벌써 20년도 전의 일이다. 밴쿠버 아일랜드는 넓이가 우리나라만 하다는 큰 섬인데, 브리티시 콜롬비아 주에서 가장 큰 산림을 소유한 목재 회사의 대표가 직접 헬기를 몰았다. 나무 종류와 상태를 내게 조금이라도 더 보여주려 그는 헬기를 이리저리 틀며 나무에 닿을 정도로 비행 높이를 낮추기도 했다. 프로펠러 바람에 시커먼 침엽수 잎과 나뭇가지는 태풍을 만난 듯 떨고, 곰도 놀랐는지 저들끼리 다투는 모습이 보였다. 목재 값만 따지는 비즈니스맨들은 숲을 숲이라 하지 않고, 현장 혹은 산판^{山板 벌목의 장소}이라 부른다. 숲에는 낭만이 있고, 요정도 살 것이며, 운 좋으면 잠자는 미녀도 만나야 할 것인데…. 철학과 문학의 근원이기도 했던 숲은 이제 어디서나 산판이 되어 중장비가 수북한 전쟁터로 변해 있다. 그렇게 아름다운 숲이 밴쿠버 북단, 알래스카까지 이어지지만 나무가 서 있는 숲에 벌채꾼의 임도가 나 있지 않은 곳이 없다.

세계의 나무를 보면서 우리 땅에 재목으로 쓸 나무가 있을 것이라는 기대를 한 적이 없는데 인등산에 나무가 있었다. 가래나무, 참나무, 자작나무도 있다. 믿기지 않는 활엽수림이었다. 수령 50년을 넘지 않았을 나무들이 이렇게 성장했다니, 지금 내 눈이 잘못 보고 있을까? 인등산 숲길을 차로 얼추 1시간은 달린 것 같다. 그냥 지나칠 수가 없었다. 가다가는 세우고 돌아서서는 또 세웠다. 산길이 미국의 애팔래치아보다 더 가팔랐다. 이 오지 악산惡山에 후딱 자라는 속성수가 아니라 활엽수를 심었다. 놀라운 선택이다. 활엽수림은 단단하고 비싼 목재를 생산하기 때문에만 좋은 것이 아니다. 참나무, 가래나무, 자작나무 등 활엽수의 뿌리는 땅 밑으로 깊고 깊게 자리 잡는다. 대부분 활엽수는 '뿌리가 깊은 나무'다. 태풍이 몰아쳐도, 큰 눈이 내려도 쉽게 쓰러지지 않는다. 깊은 뿌리가 받치고 있기 때문이다. 큰 눈이 내린 후 쓰러져 있는 나무는 십중팔구 침엽수 소나무다.

국토의 숲이 경제 발전과 사회 안정의 바탕이 된다는 것은 나무에 취해 있는 나의 지나친 주장일까. 국립 산림과학원은 우리 산림의 공익적 가치가 109조 원^{2010년 보고서}에 이른다고 발표했다. 지금 우리 사회의 수많은 갈등, 콘크리트에 둘러싸인 주거 환경과 오염, 극심한 경쟁 구도 속에서 살아가는 가운데 숲이 우리에게 주는 경제적 이득, 정신적 위안은 얼마로 계산했는지 모르겠다. 워싱턴 남쪽의 야트막한 포토맥 강가에서 장대한 활엽수 숲과 마주쳤을 때, 미주리 주 스프링필드 뒷산의 참나무, 아이오와의 호두나무를 봤을 때 미국은 마치 에덴동산 같았고, 일본 홋카이도의 너도밤나무, 자작나무, 참나무에는 원령 공주가 살고 있을 듯했다.

독일의 건강한 숲은 1제곱미터에 약 200리터의 물을 품고 있다고 한다. 그들도 봄이 채 오기 전 나무에 물이 오를 때 20~30센티미터 밑동의 고로쇠나무에서 많을 경우 수액을 60~70리터씩 채취한다. 세계적으로 숲이 우거진 나라가 부강한 나라라는 것은 그냥 나온 이야기가 아니다. 숲은 대단한 수자원을 품고 있기 때문이다. 나무의 실핏줄 뿌리는 대지의 물을 머금으며 산과 흙을 지탱한다. 국토의 면적에서 산림이 차지하는 비율이 가장 높은 나라는 핀란드이며, 그다음이 일본과 스웨덴, 그리고 우리

나라다. 우리나라는 국토의 면적에서 산림이 63~4% 비율을 차지하고, 일인당 임목 수량도 126㎥로 OECD 국가 중에서도 평균을 웃돈다. 2018년 한국의 일인당 국민 소득이 3만 달러에 이르렀지만 국토에 나무를 심기 시작하던 50년 전 대한민국은 세계의 극빈 국가에 속했다. 그 후 40~50년 동안 꾸준히 국토에 나무를 심고 가꾸어온 결과, 이제 산림 보유 비율 세계 4위의 나라가 되었다. 국토의 모습을 푸르게 바꿨으니, 이것이야말로 반세기의 기적이다.

인등산 숲에 서 있는 참나무의 위용은 미국이 자랑하는 애팔래치아의 나무에 비해도 손색이 없었다. 우리의 토종 호두나무인 가래나무도 대단했다. 전 세계는 미국의 호두나무를 고급 재목으로 사용하는데, 가래나무는 호두나무의 단단한 특성을 그대로 지녔으니 인등산에서 토종 나무의 가능성도 보았다. 만감이 교차했다. 과거 비싼 원목 가격 탓에 모두가 힘들었던 기억도 있다. 참나무 목재로 액자를 만들어 수출하던 한 업체는 늘 내게 미국의 최하 등급 나무만 가져다 달라 했고, 지금은 굴지의 가구 종합 브랜드가 된 업체 역시 주방 가구 손잡이로 쓸 가장 낮은 등급의 제재목만 요구하던 일. 비싼 홋카이도산은 언감생심, 활엽수는 미국산인 줄만 알던 시절이었다. 그런데 우리 땅에서 40년, 50년 전에 심은 가래나무, 참나무, 자작나무 숲을 보다니 벅찬 사건이었다.

인등산을 다녀온 후 그룹의 디자인 담당자들을 대상으로 '나무 이야기'를 해달라는 요청을 받았다. 강의 준비를 하던 중에 이 그룹의 주요 업종인 통신, 반도체, 정유, 화학 라인이 대부분 국내에서 시장 점유율 1위를 점하고 있다는 사실도 알게 되었다.

내 나무 이야기의 순서는 나무의 역사, 문화, 신화로 시작해 나무의 종류, 적용, 목재가 소외된 현대 건축 그리고 숲 이야기로 끝을 맺는다. 강의 장소는 인등산 숲속의 연수원이었다. 말미의 '숲 이야기'를 시작하기 전, 청중에게 질문을 던졌다.

"여러분, 최근 여러분이 일하는 기업의 여러 사업군을 보니 놀랍게도 업종마다 우리나라에서 1위를 하고 있네요. 그런데 글로벌 1위 라인이 있습니까?"

내 질문에 모두가 머뭇거리더니 세계 1위는 없는 것 같다는 대답이 나왔다. 다시 물었다. 몇 사람이 세계 1위는 없다고 했다. 그리고 나는 숲 이야기를 시작했다.

"나는 이탈리아의 패션 브랜드 에르메네질도 제냐를 좋아합니다. 섬유·패션을 주종으로 하지요. 디자인보다도 섬유의 질감이 좋아, 오래 입었던 옷 중에도 제냐의 옷만은 버리지 않고 있습니다. 오늘도 제냐의 셔츠와 데님 팬츠를 입고 왔습니다. 20년 이상 입고 있는 옷입니다. 혹시 오아시 제냐^{Oasi Zegna}를 아는 분이 계신지요? 지금 제냐 경영을 맡고 있는 자손들의 할아버지 에르메네질도 제냐는 고향 마을 트리베로의 숲에서 제냐를 세계의 브랜드로 만들었고, 황폐했던 이탈리아 북부 피에몬트 지역의 일부분을 '오아시 제냐', 즉 오아시스 제냐^{Oasis Zegna}라고 이름했습니다. 그는 최초 직물 공장이 있던 헐벗은 트리베로 지역의 9,900만㎡^{3,000만 평} 땅에 1930년대부터 침엽수를 심었고, 이제 그곳은 알프스에서도 손꼽히는 트레킹 코스이자 친환경 생태 공원이 되었습니다. 나는 나무에 반하여 제냐 브랜드에 더욱 신뢰를 보내는 사람입니다.

여러분이 몸담고 있는 그룹의 산에는 제냐가 조림한 침엽수, 즉 전나무, 가문비나무가 아닌, 단단한 가래나무, 참나무, 자작나무 같은 활엽수가 자랍니다. 활엽수는 제냐의 침엽수와는 비교할 수 없이 단단한 나무입니다. 2016년 가구 기업 이케아가 약 3억 3,000만㎡^{1억만 평}의 동부 유럽 산림을 매입했습니다. 여러분 그룹이 보유하고 있는 숲 면적보다 무려 7배나 큰 산림을 가지게 되었지만 누구도 이케아의 대담한 결정에 감동하지 않습니다. 기업 전략에 따른 산림 매입이었기 때문입니다. 이케아는 이 산림에서 나오는 목재로 루마니아에 대규모 가구 공장 설립을 하겠다고 발표했습니다. 이케아의 산림 매입은 러시아에서 산림 훼손으로 큰 물의를 일으킨 직후였습니다.

여러분 그룹의 숲과 이탈리아 제냐 그룹의 숲에는 누구도 가지지 못하는 감동이 있습니다. 정부가, 학교 재단이, 공공 투자 기관이 공익을 목적으로 나무를 심고 숲을 가꿀 수 있습니다. 가구 회사나 펄프, 제지 회사에서 기업의 영속을 위해 숲을 매입하고 조림을 합니다. 여러분 그룹은 영리를 최고의 가치로 추구하는 민간 기업입니다. 그런데 무려 50년 전부터 본업과 상관없는 나무를 심고 숲을 가꾸었네요. 여러분은 세계 최고의 숲 이야기를 가진 기업에서 일하고 있습니다. 이런 스토리를 가지고 있는 기업을 나는 만나보지 못했습니다. 이 숲은 여러분 그룹이 주력으로 하고 있는 다양한 업종 중에서 단연 세계 1위의 스토리를 가진 아이템입니다. 인등산 숲의 감동을 가지고 있는 민간 기업은 국내에도 해외에도 없기 때문입니다. 다보스 포럼에서 세계 경제의 개선, 혁신, 창조를 논의하지만 이러한 감동을 제시할 수 있는 기업이 또 있을까요.

4,950만㎡ 1,500만 평 숲은 물의 저장고입니다. 이 숲이 댐 몇 개의 수자원을 가지고 있는지 계산해보시기 바랍니다. 인등산 앞에 있는 충주호의 담수량과 비교해도 못하지 않습니다. 산림이 가지고 있는 탄소 배출권의 가치를 환산해보십시오. 나무는 이산화탄소와 물, 햇빛만으로 성장하고 '숲은 산소를 뿜어내는 공장'입니다. 놀라운 산업이지요. 이것은 숲이 만드는 미래의 이야기입니다."

예정된 강의 시간을 훌쩍 넘기고 연수원 로비로 나왔더니, 사진 한 장이 눈에 들어왔다. 1970년대, 나무를 심기 위해 사람들이 물동이를 이고 줄지어 산을 오르는 모습의 흑백 사진 옆에는 "오지에 나무를 심어라. 그래야 오래간다"라는 SK그룹 선대 최종현 회장의 어록. 그 문장 앞에서 나는 얼음 기둥이 되었다.

©박찬우

SK그룹이 50년 가까이 가꾼 인등산.
호두나무, 가래나무, 참나무, 자작나무 등으로 울창한 숲을 이루었다.

에르메네질도 제냐가 트리베러 지역에 조성한 환경생태공원 오아시 제냐.
©Ermenegildo Zenga

약한 나무가 필요한 곳이 있다.
서랍에 소나무를 쓰면 뒤틀려 수월하게 여닫지 못할 것이고,
단단한 참나무는 겨울철 온돌방에서 갈라진다.

딸을 낳으면
오동나무를 심는 이유

한 가지 일을 보며 세상의 이치를 깨닫는다는 말로 "나뭇잎 하나 떨어지니 천지에 가을이 온 것을 안다"는 표현이 있다. 이 '일엽지추'라는 말은 중국의 고서 〈회남자淮南子〉와 당시唐詩에도 자주 등장하며, 한자 문화권에서 익숙한 표현이다. 이 나뭇잎이 오동나무 잎이다. 가을 오고 바람이 불면 떨어지는 잎이야 많겠지만, 오동나무 잎이 오롯이 이 서정을 차지한다. 우리 가요 중에 "오동잎 한 잎 두 잎 떨어지는 가을밤에"라는 노래가 있었고, 옛날 홍콩 영화 〈스잔나〉의 바람에 날리는 낙엽도 오동잎이다. 중국에서는 가을 낙엽을 가리켜 그저 '오동잎 한 잎'이라고도 한다.

가을 낙엽처럼, 2018년 늦가을에 쓸쓸한 소식이 전해졌다. 국민 배우 신성일이 유명을 달리한 것. 같은 해 2월, 영화 〈스잔나〉에서 「마지막 떨어진 오동잎」이란 노래를 직접 불렀던 주연 배우 리칭이 홍콩 자택에서 고독하게 운명했다는 뉴스도 있었다. 그러고 보니 한국의 배우 신성일과 홍콩의 뮤즈 리칭은 1970년대 영화 〈리칭의 여선생〉에 남녀 주인공으로 함께 출연한 적도 있었다. 긴 세월 동안 뭇 아시아인의 가슴을 서늘하게 했던 두 스타가 오동잎 떨어지듯 별이 되었다.

예부터 딸을 낳으면 오동나무를 심는다고 했다. 딸이 성장하여 결혼할 때 이 오동나무로 장 하나 짜 보내기 위해서다. 가야금과 거문고도 오동나무로 만든다. 우륵의 가야금도 오동나무로 만들었다. 중국에서는 오동나무가 상상의 새 봉황을 부른다고 믿었다. 〈시경〉에 "봉황이 우는 데에 오동나무가 있더라"는 구절이 있고, 〈장자〉에는 "봉황은 오동나무가 아니면 앉지 않는다"고 하여 아무것이나 탐하지 않고 절개를 지킨다는 뜻으로도 쓴다. 일본의 오동나무 사랑도 우리나라나 중국 못지않다. 일본 왕가의 문장에 새겨진 나뭇잎이 오동잎이고, 도요토미 히데요시의 문장도 오동잎이었다고 한다. 상상의 새 봉황이 오동나무에만 머문다는 전설이 있으니, 도요토미 히데요시도 일본 왕가도 오동잎을 문장으로 빌려 왔을 것이다. 일본에서 넘어와 이제 우리의 민속놀이가 된 화투에도 오동잎이 있다. 바로 11월의 패인데, 특히 '광'에는 검은색 오동잎 위에 봉황이 그려져 있다.

봉황이 내려앉는다는 오동나무는 빨리 자라는 나무다. 그리고 무척 무르고 비교적 싼 나무다. 나이테가 촘촘하지 않고 아주 듬성듬성해 나무가 얼마나 급히 자랐는지를 그대로 보여준다. 딸을 낳고 심은 오동나무는 딸이 십대 중반만 되어도 재목으로 쓸 만치 자라 있으니 얼마나 고마운 나무인가. 오동나무의 용도를 보면 악기든 가구든 힘을 받는 부분에는 사용하지 않는다. 무르기 때문이다. 오동나무는 비중이 0.2에서 0.3을 넘지 않아 물성이 매우 가볍다. 물에 넣으면 동동 뜬다. 참고로 소나무는 비중이 0.4~0.5, 벚나무·감나무·밤나무가 0.6, 참나무는 0.7~0.8, 대추나무는 0.9가 넘는 단단한 나무다.

거듭 이야기하지만 무거우면 좋은 나무이고 가벼우면 나쁜 나무인 것이 아니다. 가볍고 물러서 싼 것도 아니다. 무른 오동나무는 악기의 울림통을 만들기에 적절하고, 장을 짤 때 서랍 재료로도 요긴하다. 서랍은 힘을 받지 않는 부분이어서 오동나무를 썼다. 약한 나무가 반드시 필요한 곳이 있다. 서랍에 소나무를 쓰면 뒤틀려 수월하게 여닫지 못할 것이고, 단단한 참나무는 겨울철 온돌방에서 갈라진다. 또 오동나무는 살충·방충 효과가 뛰어나 벌레가 잘 슬지 않는다. 내가 초등학생이던 시절에는 여름방학 과제를 마치려면 잠자리, 매미, 나비를 쫓아 산으로 들로 쏘다녀야 했고, 채집한 곤충은 오동나무 상자에 담아 전교생이 전시를 했다.

중국에서는 천자 天子 와 대통령, 천왕의 상징인 봉황새가 앉는 나무가 바로 오동이다. 중국의 오동나무는 실은 우리 오동나무와 완전히 다른 벽오동이다. 우리 오동나무의 원산지는 울릉도라고 한다. 봉황이 머무는 중국 전설의 나무는 벽오동 나무인데 중국에서 오동梧桐이라고 했다. '오梧'는 벽오동이고 '동桐'은 오동나무를 뜻한다. 중국에서 벽오동나무와 오동나무를 구분 없이 오동으로 부르고 쓰니 우리도 일본도 엄밀하게 구별하지 않았다. 게다가 두 나무는 생김새와 목재의 쓰임새까지 비슷하다. 지금은 생물학에 과학적 분류 체계가 있지만, 옛 선조들은 생김새, 색깔, 정서로 나무와 풀의 이름을 불렀다. 소나무, 잣나무, 측백나무 등 침엽수는 '송백松柏 소나무와 잣나무'이었고 회화나무, 느티나무는 '괴목槐木 회화나무와 느티나무는 구분 없이 '괴(槐)'로 썼다'으로 썼다. 현대 유럽의 생

물학, 식물학 체계가 한중일에 정착한 것은 불과 200년에서 100
년에 불과하다. 하여 중국에서 이름 지은 나무 이름은 한자를 공
유하던 한국과 일본의 역사, 문학, 민간 구전에도 구석구석 남아
있다. 오동나무도 그러하다. 굳이 벽오동이라고 구별하지 않아도
생김새나 쓰임새가 비슷하니 우리에게는 그냥 오동나무였을 뿐
이다.

　재미있는 사실은 봉황새가 앉는다는 중국 벽오동도, 울릉도가
원산지라는 우리 오동나무도 영어로는 '파울로니아Paulownia'로 통
용된다는 것. 벽오동은 휘닉스Phoenix, 파라솔 트리Parasol tree라는 영
어 이름이 따로 있는데도 구분 없이 파울로니아로 불린다. 황제
의 벽오동도 딸을 위해 심는 오동나무의 파워에는 미치지 못하는
가 보다.

　얼마 전 영화 평론가 김영진 교수로부터 아름다운 오동나무 이
야기를 들었다. 2017년 전주국제영화제 중의 어느 저녁, 젊은 영
화인들의 뒤풀이 자리에 참석한 김승수 전주시장이 이야기의 출
처다. 전주시 노송동에는 6.25 전쟁 이후에 형성된 집창촌이 있
는데, 이른바 '선미촌'이다. 그 안으로 외부인들은 얼씬도 할 수
없었으니 고도 전주시 도심 개발의 큰 현안이었음은 불문가지.

이에 김승수 전주시장은 오랜 집창촌을 예술가들이 꾸미는 시민들의 공원으로 바꾸기 위한 '선미촌 문화재생사업'에 착수했다. 하지만 기존 업주들의 반발이 심하여 어렵사리 선미촌 귀퉁이에 작은 공간을 매입한 뒤에야 겨우 내부를 들여다보았다. 김승수 시장이 안으로 들어가 처음 본 것은 오동나무였다. 딸의 행복을 위해 부모의 지성至誠으로 심는다는 오동나무가 무럭무럭 자라고 있었다. 집창촌의 딸들과 우뚝 서 있는 오동나무 광경을 보는 전주시장의 가슴이 무너졌다고 한다. '가장 아픈 곳에서 가장 아름다운 꽃이 핀다.' 지금 선미촌에 들어선 전주시 '현장 시청'의 간판이다. 이후 작은 공원을 만들며 오동나무를 심고, 설치 미술 전시회를 열었고, 작가 강성훈은 선미촌을 배경으로 소설 〈오동 서랍〉을 썼다.

이렇게 아름다운 예술가와 시민, 공무원 그리고 그들이 선출한 시장. 이들이 이 땅에 온 봉황새가 아니겠는가. 누구는 벽오동나무에 오지 않는 봉황을 노래했지만, 전주시에는 봉황이 깃들었다. 이보다 아름다운 나무 이야기가 또 있을까. 벽오동이면 어떻고 오동나무면 어떠리.

50년 전의 빈티지 가구.
거기에 쓰인 나무 종류를 통해 인간이 살아온
지리와 문화, 역사의 조각을 읽을 수 있다.
나무는 화석이고 살아 있는 박물관이다.

빈티지 가구의
나무

'현대의 어머니는 스칸디나비안 모던 스타일을 가지고 있다.The
Modern Mama had Scandinavian Modern' 잡지 〈젯셋〉의 편집장 샌디 맥레든
이 쓴 기사의 제목이다. 나도 그의 말에 동의한다. 그가 얘기하는
현대는 제2차 세계대전 후 1950~60년대, 그리고 어머니는 미국
사회의 어머니다.

세계대전 후에 유일한 초강대국으로 안정과 번영을 구가하던
미국 사회의 모던 어머니들 사이에서 스칸디나비안 가구 사재기
가 유행이었다. 오죽하면 미국에서도 덴마크 디자인 가구를 대량
생산까지 했을까.

일본은 1980~90년대 *와타나베 부인들 사이에서, 또 한국에서도 몇 년 사이 스칸디나비안 빈티지 바람이 거세다. 세계적으로 빈티지 가구란 단어를 독점해버린, 1920년대에서 50년대 무렵 소위 미드센트리mid-century라 불리는 때에 생산된 스칸디나비안 가구. 소재는 너도밤나무, 자작나무, 참나무, 물푸레나무처럼 그 지역의 나무뿐 아니라 열대 아프리카와 라틴 아메리카, 인도차이나에서 수입한 티크, 마호가니, 로즈우드 등이 섞여 있다. 모두 활엽수다.

유럽 대륙, 특히 스칸디나비아는 소나무, 가문비나무 등의 침엽수와 너도밤나무, 자작나무, 참나무, 물푸레나무 등 활엽수가 풍부한 지역이다. 스칸디나비안 가구의 옅고 밝은 색조를 '블론드blonde'라고 하는데, 이 지역 나뭇결의 색상 때문에 붙여진 애칭이다. 스칸디나비아 지역에서 그나마 색이 짙은 축에 속하는 참나무도 미국산 참나무에 비하면 현저히 밝고 옅은 색조를 띠며, 무늬결은 촘촘하다. 비틀스의 「노르웨이의 숲」에 나오는 'Norwegian Wood'는 노르웨이 숲이 아니라 1960년대 영국의

* 와타나베 부인 : 월급쟁이 남편의 수입으로 살림을 하는 일본의 보통 가정주부를 이르는 말.

가난한 이들이 쓰던 노르웨이산 소나무 가구다. 폴 매카트니는 존 레넌의 작사 과정을 설명하며 노래 제목을 'Cheap Pine'으로 지을 수는 없지 않겠느냐고 말했다. 이처럼 소나무 등의 침엽수로 만든 가구가 빈티지 대접을 받는 경우는 거의 없다. 가구와 고급 장식재 용도로 소나무는 활엽수인 참나무나 물푸레, 자작나무에 비하여 견고함이 현저히 떨어진다.

핀란드에서 자작나무는 소나무만큼이나 흔하고 값이 싼 나무다. 1932년 스칸디나비아의 자작나무를 이용한 의자가 세상을 놀라게 했다. 핀란드의 건축가이자 가구 디자이너인 알바 알토가 만든 스툴 60. 그는 헬싱키 중심부에 있는 *핀란디아 홀을 설계한 건축가다. 핀란드의 흔하디 흔한 나무로 만든 의자는 20세기 명품의 반열에 올랐고 지금도 가구의 잇 아이템 리스트에 빠지지 않는다. 이 가구는 유럽 대륙뿐 아니라 미국에서도 선풍적 인기를 끌어 탄생한 지 100년이 되어가지만 스웨덴의 이케아를 비롯하여 이탈리아, 일본, 중국에서 우후죽순 알바 알토의 '동그란 스

....

* 핀란디아 홀 : 핀란드 헬싱키에 있는 종합 콘서트 홀. 1971년 알바 알토와 그의 부인 엘리자가 공동 설계한 작업이다.

툴'을 살짝 바꾸어 생산하고 있다.

알토는 자작나무를 열처리하여 모양을 만들고 접착제를 사용하여 암체어 No. 44, No. 42도 완성했다. 알바 알토도 동시대 독일 *바우하우스^{Bauhaus}의 영향에서 멀리 떨어져 있지 않았겠지만 1920년대에 이미 유럽 변방에서 단순함^{simplicity}과 지역성^{locality}의 개념을 디자인에 담았다.

스칸디나비안 빈티지의 대표 주자인 덴마크는 19세기 초 나폴레옹 전쟁 중에 프랑스의 동맹국으로서 대규모 선박을 건조하느라 국토의 유용한 활엽수림이 황폐해졌다. 영국에 대패한 후 국왕 프레데릭 6세는 참나무 조림에 전력을 기울였다고 하는데 가구 때문은 아니었다. 또 배를 만들어야 했기 때문이다. 역사의 곡절을 안고 있는 덴마크의 활엽수는 1940년대에 와서는 *한스 베그너의 참나무 의자가 되었다. 오늘날 덴마크 빈티지 가구의 참나무, 물푸레나무, 너도밤나무는 나폴레옹과 넬슨 제독, 프레데

....

* 바우하우스 : 1919년부터 1933년까지 독일에서 설립 운영된 건축·미술·공예학교. 초대 교장인 건축가 그로피우스로는 건축가, 조각가, 화가는 공예가로 돌아가야 하며 공예와 순수 미술을 결합하자는 운동을 전개했다.

* 한스 베그너(1914~2007) : 덴마크의 디자이너. 의자 Y, The Chair가 유명하다.

릭 6세의 호령과 말발굽 소리도 기억하고 있을 것이다.

덴마크 빈티지 가구에 사용된 나무 중에는 열대우림 지역의 티크, 마호가니, 로즈우드도 많다. 17세기부터 영국과 프랑스가 라틴 아메리카, 아프리카, 인도차이나에서 식민지를 경영하며 벌채해 온 고급 수종이다. 덴마크는 영국, 프랑스가 식민지에서 벌채한 나무의 가장 큰 소비 시장이기도 했다. 이들이 가구 제작에 즐겨 사용한 목재 중 하나인 티크는 태국, 미얀마, 인도차이나 반도에서 벌채한 것이다. 태국에서는 코끼리가 원목을 운반하는 그림이나 태피스트리를 흔히 볼 수 있는데 코끼리가 운반하는 그 나무가 바로 티크이다.

요즈음에는 동남아시아 각국에서 조림에 힘을 기울이고 있지만 티크의 나라 태국에서 정작 티크를 보기가 쉽지 않다. 오랜 남벌로 인도차이나에서 아름드리 티크가 사라졌다. 태국의 티크는 오히려 유럽에서 만든 빈티지 가구와 고급 요트에서 무늿결을 제대로 볼 수 있다.

또 마호가니로 만들었다는 빈티지 가구는 실제로는 아프리카산 나무인 사펠레일 확률이 높다. 19세기 후반부터 라틴 아메리카의 마호가니가 귀해지며 가격이 천정부지로 치솟자 유럽의 목재 수입 창구 역할을 하던 영국에서 아프리카산 사펠레를 대체하여 사용했기 때문이다.

16세기 이후 브라질, 인도, 마다가스카르 등지에서 벌채된 로즈우드뿐 아니라 인도차이나의 티크 등 열대우림에서 마구 벌채된 고급 목재가 덴마크로 실려 왔다. 빈티지 가구에서 읽는 슬픈 역사다. 가구에 사용한 나무는 최소 수령 100년에서 200~300년 세월은 되었을 터이니, 빈티지 가구가 품고 있는 이야기가 길다.

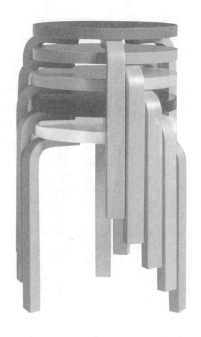

1932년 생산 이래 가구 회사 아르텍에서 가장 많이 팔린 의자,
알바 알토의 스툴 60.

노인은 최근에 이사한 좁은 집에서
그녀의 생애 마지막이 될지도 모르는 파티를 연다.
마살레스 선생님이 연주한 파티의 마지막 피아노 곡이 끝날 때까지
어디에도, 누구에게도 곰팡이 냄새는 나지 않는다.

포름알데히드
하우스

소설가 하성란의 〈카레 온 더 보더〉가 2013년 황순원문학상 수상작으로 선정되었다. 주관한 신문에서 수상작의 중요한 부분을 발췌하여 함께 보도했다

"불광동 지하 방에는 해가 들지 않았다. 그 방에는 주야장천 늘 짙은 어둠이 고여 있었다. 지하 방은 지상에서 고작 열 계단 아래였다. 그런데도 그녀가 상상할 수 없는 어둠이 펼쳐졌다. (중략) 잠을 자는 동안에도 그녀는 어둠에 짓눌렸다. 건장한 남자 같았다. 숨이 막혔다. 북쪽 벽에는 검은 곰팡이들이 피어 있었다. 발이 그쪽에 닿을라치면 그녀는 소스라치게 놀라면서 발을 떼곤 했

다. 현관문이 닫히자마자 그녀는 쏜살같이 계단을 뛰어내려왔다. 날림 공사로 만든 계단에서 몇 번이나 구를 뻔했지만 용케 중심을 잡았다."

소설 속 집은 언제 지은 것일까. 지하 방 묘사로 보아 1970~80년대 개발기에 지은 집은 아닌 것 같다. 서울의 소담한 주택가에 지하 방을 넣은 다세대 주택 건축 바람이 분 것은 고작 20년 남짓 된 현상이다.

한편 그해 노벨문학상을 수상한, 캐나다 출신 앨리스 먼로의 짧은 소설 〈행복한 그림자의 춤Dance of the happy shades〉에서 주인공 마살레스 선생님 집을 묘사한 장면은 이러하다.

"마침내 찾아든 그 거리는 뜻밖에 인상이 좋다. 여태껏 철둑길을 따라 지나온 거리들은 그늘 한 자락 없고 너저분했는데 이곳은 가로수가 줄줄이 서 있다. 이곳의 집들은 정면 베란다 가운데에 경사진 나무 칸막이를 설치해 둘로 나눈 구조이다. 그리고 2단짜리 나무 계단과 흙 마당이 있다. 보나 마나 마살레스 선생님도 그런 반쪽짜리 집에 사는 게 분명하다. 붉은 벽돌로 지은 집들은 현관문과 창문 테두리와 베란다를 크림색과 회색과 반들반들한 초록과 노랑으로 칠했다. 말끔하게 잘 관리해온 모습이다."

엘리스 먼로는 밴쿠버에도 살았고 온타리오에 오래 거주하였다. 소설의 배경은 온타리오다. 온타리오 주는 캐나다의 수도 오타와가 있고 남쪽으로는 미국과 국경을 접한 나이아가라 폭포가 있는 지역이다. 서부 해안 밴쿠버의 가문비나무와 삼나무 그리고 온타리오 주의 **빽빽**한 단풍나무는 겨울 폭설도 아랑곳하지 않는다. 밴쿠버의 차가운 겨울비와 온타리오의 무자비한 눈 속에서도 천혜의 숲에 둘러싸인 그들의 집은 푸근하다. 우리 소설 속 주인공의 공간에는 한 조각의 나무가 없지만 마살레스 선생의 집은 칸막이도 계단도 목재다.

먼로가 영어로 글을 쓰고 영국 이주자의 주 온타리오에 살고 있으며, 마살레스 선생님 집 묘사로 보아 소설 속의 집은 19세기 빅토리아 양식의 건축으로 보인다. 런던의 길을 걷다가 흔히 볼 수 있는 전형적인 영국 집의 지하 방, 이는 빅토리아 시대 건축으로 대개 100년이 더 된 집이다. 북유럽의 혹독한 겨울밤, 택시 한 대 지나가지 않는 스톡홀름이나 예테보리 거리를 걸으면 길에 면한 지하 방들에서 흘러나오는 노란 조명에 여행자의 마음이 녹는다. 제정 러시아 시대에 지어진 집들이다. 카이제르 수염^{양끝이 굽} ^{어 올라간 코밑 수염}의 황제가 건재할 때의 건축. 이 지하 방을 배경으로 톨스토이는 많은 단편을 남겼다. 평생 지하 방에서 구두를 수선하던 할아버지, 손자를 데리고 뜨개질하는 할머니…. 러시아 문호의 단편 선집에 나오는 풍경들이다.

그런데 지은 지 불과 20년 남짓한 우리 소설가의 지하 방은 햇빛도 잘 들지 않고 퀴퀴한 냄새가 진동한다. 작가는 21세기 대한민국 수도 서울의 주택을 묘사했다. 문학상 수상작을 잉태한 지하 방이니 그냥 넘겨야 하나. 수상작의 제목은 〈카레 온 더 보더〉. 주인공 영은은 아르바이트를 하는 20대로 노인 다섯을 봉양하며 지하 방에 살고 있다. 영은의 꿈속에도 나타나는 지긋지긋한 곰팡이 냄새를 잠시라도 피할 수 있는 카레를 끓인다는 내용의 수상작을 신문은 이렇게 추천한다. '내일이 없는 20대에 바친다, 불안을 다독이는 이 소설.'

다시 앨리스 먼로의 마살레스 선생님에게 눈길을 돌려본다. 연금으로 살아가는, 아무도 찾지 않고, 옛 제자도 피하며, 이웃집 강아지가 마주쳐도 짖지 않을 만큼 따분한 노인. 노인은 최근에 이사한 좁은 집에서 그녀의 생애 마지막이 될지도 모르는 파티를 연다. 실제로 빅토리아 양식으로 지은 주택은 3~4층 높이에도 불구하고 평면 공간이 아주 좁다. 그 파티에 초청된 것을 누구도 탐탁해하지 않는 상황에서 아마도 마살레스 선생님이 별도로 불러왔을 예닐곱 명의 정신 지체 장애우들도 간신히 자리를 했다. 마살레스 선생님이 연주한 파티의 마지막 피아노 곡, 「행복한 그림자의 춤」이 끝날 때까지 어디에도, 누구에게도 곰팡이 냄새는 나지 않는다.

여든 줄 후반으로 짐작되는 앨리스 먼로의 마살레스 선생님은 옛 제자와 어린 장애우들을 100년도 훨씬 전에 지은 좁은 공간으로 초청해 피아노로 발레곡을 연주한다. 행복한 춤을 춘 좁은 집으로 가는 길에는 "가로수가 줄지어 서 있다". 하성란 소설의 20대 주인공 영은은 지하 방의 퀴퀴한 냄새를 지우려 카레를 끓인다.

나는 우리나라, 미국, 유럽, 중동에서 수십만 호의 건축과 집 짓기에 관여하며 갖은 경우의 삶과 맞닥뜨려왔으나 하성란이 〈카레 온 더 보더〉에서 묘사한 한국 건축의 모습에는 감정을 자제하기가 어려웠다. 주택이든 공공 건축물이든 곰팡이 냄새가 진동하면 가장 기초적인 방수 공사를 제대로 하지 않았다는 뜻이다. 눈속임 건축이다. 이런 건축에서 단열 공사 역시 제대로 되었을 리 만무하다. 그 지하 방에서 사는 다섯 노인이 곰팡이 냄새뿐 아니라 추위와 더위에 지쳤을 것은 뻔하다. 곰팡이 냄새는 카레 향으로 이겨내더라도 냄새 없는 *휘발성 유기 화합물^{VOCs}은 어찌 할 것인가. 비단 불광동 지하 방뿐 아니라 일류라고 뽐내는 리조트, 호텔, 주택, 병원의 가구와 건축 자재에서 배출하는 유기 화합물로 인해 실내 공기가 오염되어 있다. 하성란이 화학도였다면 '휴먼 인 더 포름알데히드$^{Human\ in\ the\ Formaldehyde}$'로 타이틀을 바꿨을지 모를 일이다.

건축가, 건축 시공자, 건축 인허가 주무 부서에 계신 분들에게 하성란의 〈카레 온 더 보더〉와 앨리스 먼로의 단편 소설을 읽어 보기를 권한다. 하성란의 문학이 우리 현실을 반영했다면, 우리 몸과 마음을 건강하게 지켜야 할 건축 환경을 이렇게 내팽개쳐둘 수는 없는 일이다. 한국의 소설가가 언제까지 방수와 단열 공사를 제대로 하지 않아 곰팡이 냄새 나는 불량 주택에서 살아가는 군상을 그리게 내버려둘 것인가. 실내에 목재를 많이 사용할수록

---

* 휘발성 유기 화합물 VOCs : 끓는점이 낮아 공기 중으로 쉽게 증발되는 액체나 기체 유기 화합물. 벤젠, 톨루엔, 에틸벤젠, 크실렌 등이 있다. 실내 건축 자재, 가구, 페인트 등에서 배출되는 유기 화합물은 발암 물질로 인체에 치명적 영향을 준다.

정서적 안정감이 강화되고 수명이 연장된다는 연구 결과를 보니,
하성란의 소설이 더 무겁다.

4장

숲이 좋은 곳은
사람도 넉넉하다

'귀주'는 푸른 고원 지대였다.
머무는 동안 하루도 비 오지 않는 날이 없으니 깊은 산 골따라 물이 넘쳤다.
소수 민족 마을이 국가의 일급 관광지로 바뀌고 있으나
푸른 풍경을 가진 사람들은 넉넉했다.

귀주
이야기

중국 '귀주貴州 구이저우'를 다녀왔다. 지인들과 중국의 소수 민족 마을을 몇 년째 탐사하고 있다. 형편에 따라 일 년에 두어 차례 다니고 있는데, 이번 겨울에는 구이저우성과 바로 이웃한 광시성廣西省 초입까지 다녀왔다. 묘족, 동족, 장족, 수족, 포의족의 마을 깊숙이 들어간 이번 여행은 으스스한 날씨와 끊임없이 내리는 실비에도 아랑곳없이 푸근했다. 남색 옷을 입은 구이저우성 소수 민족의 모습은 세상 때가 섞이지 않은 듯했고, 지나는 이들의 눈빛은 맑았다. 일행은 마음을 덥히고 머리를 씻었다. 현재 구이저우성의 인구 구성은 소수 민족 45%, 한족 55%라고 하는데 우리가 만난 이들은 하나같이 소수 민족이었다.

여행 전 내가 구이저우, 즉 '귀주'에 대하여 알고 있는 전부는 마오타이茅台酒와 장이머우張藝謀 감독의 〈귀주 이야기〉뿐이었다. 수수로 빚는 백주, 천하의 명주 마오타이는 나에게 중국 지명 베이징, 상하이 그리고 홍콩을 부르듯 익숙하다. 그리고 〈귀주 이야기〉는 배우 공리를 세계에 알린 영화. 공리의 얼굴을 흙먼지로 덮었던 구이저우로 향했다.

우리 소수 민족 여행의 좌장은 방송인 신완수 형이다. 현역에 있을 때부터 은퇴한 지금까지 30년 넘는 세월을 세계의 소수 민족을 주제로 여행하며 공부하는 분. 소수 민족 백과 사전을 머리에 담고 역사, 지리, 문화에 달통한 이를 앞장세워 중국 오지 여행을 계속하고 있으니 매번 여행이 풍성했다.

구이저우성은 첩첩산중이다. 이제는 주도 구이양貴陽에 비행기가 오르내리고 고속철까지 개통하여 상하이도 홍콩도 연결되지만 한반도나 스위스보다 더한 산악 지대다. 기찻길 옆으로 온통 차밭이었다. 차밭이 모두 깎은 벼랑에 놓인 이유가 무얼까. 전라도 보성 차밭도 타이완의 차밭도 급한 경사면에 있다. 온통 산이고 계곡마다 샛강이 보였다. 중원에서 한족에게 밀려온 소수 민족들의 다랑논^{산골 비탈의 충충으로 된 좁고 긴 논}이 구이저우에서는 일상적 논이다. 이 산등성이에서 벼농사를 짓고 있었다. 물이 있다는 이야기다. 산악 지대에 물이 있으니 나무가 있었다. 구이저우는 녹색 고원이었다.

소수 민족 마을로 들어서자 보이는 그들의 집은 모두 목조집이다. 놀랍게도 벽에까지 모두 판자를 붙였다. 고립된 산악 지대에서 원목을 일일이 켜서 나무 판자를 만들었다. 고상^{高床} 형태의 집이다. 지상은 가축이나 곡식을 저장하는 공간이고, 사람들은 계단으로 올라 이층에 거주한다. 이층 목재 집이 대부분이고 삼층짜리 큰 집도 더러 보였다. 건축 면적은 외양만으로도 넓어 옹색한 기운이 들지 않았다. 서울 북촌, 서촌의 전통 한옥보다 한결 큰 규모의 목재 건축물 일색의 마을이다. 살펴보니 집의 기둥, 보와 도리, 벽의 판자가 모두 삼나무다.

구이저우성 소수 민족의 집은 삼나무로 만든 건축이었다. 일본 전통 가옥과 같은 삼나무로 지은 집을 구이저우에서 만났다. 마을 가까이에도, 멀리 오가는 길가에도 삼나무가 서 있다. 미국 북서부 시애틀, 포틀랜드 그리고 일본과 같은 삼나무 풍경이 구이저우 고원 지대의 모습이다. 간간이 소나무도 섞여 있어 나무 식생을 관찰하는 소득이 이번 여행에 더해졌다.

구이양을 떠난 지 일주일여 지나 고속철로 총지앙(從江) 역에 내렸다. 구이저우성의 묘족, 동족, 각족, 수족의 자치현. 동족 마을 리핑에 숙소를 정했다. 리핑 동족촌은 계곡에 자리 잡았는데, 마을 사이 개천의 다리 하나하나에 모두 지붕을 얹었다. 스위스 루체른 호수에만 있는 줄 알았던 지붕 다리다. 근대가 발붙이지 못한 구이저우성 소수 민족 마을의 모든 다리 위의 지붕은 그네를 타는 풍속화, 잉어, 자라, 사냥하는 장면, 프레스코와 조각 등의 장식이 화려하다. 동족 마을 산 너머에는 묘족 마을이 있다. 바샤(芭沙)라고 불리는 곳으로, 중국에 남아 있는, 아직 총포로 사냥이 허락된 마을이다. 관광지에 입장하는 듯 덩그런 시멘트 건물에 실망한 순간, 불과 30~40미터를 못 가 시선을 뺏는 나무 군락에 걸음을 멈췄다.

마을 들머리에 우뚝 서 있는 나무에 '생명수(生命樹)' 푯말. 수령이 100년은 넘어 보이는 거수(巨樹)들이 촘촘히 서 있다. 묘족 마을에 들어선 일행은 저만치 앞으로 가고, 나는 나무와 숲에 홀려 점점 일행과 멀어졌다. 차나무과의 목하나무, 마미송이라 불리는 소나무, 풍향수…. 나무마다 이름을 '간체'로 친절하게 써두어 더듬더

듬 읽었다. 모두 한반도에는 자라지 않는 아열대 지역의 나무다.

발을 떼자 향장목香樟木이 보인다. 녹나무다. 한반도에서는 제주도와 남해안에서 볼 수 있는 상록수로 아주 단단한 나무다. 이름의 '향香' 자에서 보듯이 태울 때 향이 강하여 벌레도 쫓는다. 과거 사찰에서 녹나무로 목어木魚도 만들었다. 임진왜란 때 조선의 수군이 가졌던 녹나무 배는 왜군의 삼나무 배에 비할 바 없이 단단하여 해전에서 큰 역할을 했다는 기록도 있다. 마을의 녹나무를 베어낸 자리에 향장목 기념정이 있었다. 그리고 나무 제단을 쌓았는데 비석에는 수신樹神이라고 새겨져 있었다. 보르네오섬의 사바, 사라왁, 수마트라, 뉴질랜드, 포틀랜드, 시애틀, 밴쿠버, 알래스카, 미국 중부 대평원과 애팔래치아, 독일 흑림에서 핀란드, 에스토니아까지. 내가 지금까지 만난 나무와 숲은 '경제재'였다. 나는 묘족 마을 나무신神 제단 앞에 멈춰 섰다. 나무신이라니. 그동안 내가 잘라 쓴 나무를 생각하며 참배했다.

묘족 마을 바샤에서는 삼나무, 단풍나무, 녹나무, 전나무, 주목을 '용의 혈'이라고 부른다. 1976년 베이징에 마오쩌둥 주석 기념당을 건축할 때 여기 바샤의 묘족은 직경 1.2m 천년을 서 있던 향장목을 보냈다. 용의 혈맥이니 그들이 마련한 최고의 선물이었다. 소수 민족 마을의 나무와 목재 건축에 흠뻑 **빠졌다**가 다시 구이양으로 돌아와 황궈슈黃果樹 폭포에 갔다. 황궈슈, '노란 과실이 열리는 나무'라는 이름의 폭포다. 노란 과실 나무가 무얼까. 폭포는 동양화에서 보던 절경 그대로였다. 예전에 '황과수'가 많이 자라는 지역이었다고 소개한다. 폭포에서 나와 돌아가는 길, 기념품 상점이 줄 이은 중에 황과, 노란 과일을 파는 가게 하나. 황과는 유자였다. "유자 아니라도 품은 적도 하다마는, 품어가 반길 이 없으니 글로 서러워 하노메라." 중국 후한 시대 육적이 유자를 몰래 품은 고사를 빗대어 쓴 박인로의 시조 「반중 조홍감」의 그 중국 유자다. 대나무, 삼나무, 단풍나무, 고무나무가 고도에 따라 펼쳐지는데 정작 유자나무는 폭포 인근에서 보이지 않았다.

중국인들의 나무에 대한 아취雅趣가 이토록 깊고 특별하다는 것을 이번 구이저우 여행을 통하여 알게 되었다. 황궈슈 폭포에 들어가는 길 옆으로 수백 점의 진귀한 분재가 있다. 그중에 배롱나무 분재 몇은 수백 년은 족히 가꾸어서 만든 것이었다. 배롱나무는 더디 자라는 나무다. 200~300년은 족히 된 배롱나무 둥치도 그 수령이 믿기지 않을 만큼 가늘다. 이렇게 천천히 자라고 꽃은 백일을 피니 중국에서 황제의 처소를 두르는 나무였다. 한자말로 자미수紫微樹다. 자미, 하늘의 중심이라는 뜻이다.

흙먼지, 황톳길, 아우성과 다툼. 펄벅 여사의 소설 〈대지〉와 영화 〈귀주 이야기〉에서 펼쳐지는 중국 대륙. 베이징, 상하이뿐 아니라 대륙의 작은 도시도 이제 뉴욕 맨해튼 같은 스카이라인을 가지고 있지만, 중국 하면 언제나 황토와 흙먼지가 먼저 떠오른다. 대륙의 어디서도 지금껏 웅숭깊은 숲이나 죽 뻗어 곧게 자란 나무를 만난 적이 없었기 때문이다. 우리나라가 중국과 수교한 직후 쯔진청紫禁城에 처음 들어갔을 때가 잊히지 않는다. 황제의 건축 공간에 나무 한 그루가 없었다. 이러니 황톳물 황하는 서해 바다를 황해로 만들고 대륙의 먼지가 한반도를 뒤덮는구나 싶었다. 구이양공항에 도착하기 전, 구이저우성은 중국에서 경제적으로 가장 낙후된 지역이라고 들었다. 햇볕이 귀하여 구이양貴陽이다. 삼 리 평탄한 땅이 없고 은 세 냥 가진 이가 없는 곳이란다.

내가 만난 구이저우는 푸른 고원 지대였다. 머무는 동안 하루도 비 오지 않는 날이 없으니 깊은 산 골따라 물이 넘쳤다. 영화 〈귀주 이야기〉 속 억척 인생들은 만나지 못했다. 소수 민족 마을은 국가의 일급 관광지로 급속히 모습을 바꾸고 있었지만 푸른 풍경을 가진 사람들은 여전히 넉넉했다.

그런데 〈귀주 이야기〉가 '귀주' 이야기가 아닌 것도 이번에 알았다. 원제는 〈추국타관사秋菊打官司〉로 '추국이 소송을 걸다'라는 뜻이고, 여주인공 이름 치우주秋菊 Qiu Ju를 내건 영어 타이틀 〈The story of Qiu Ju〉를 국내 통신사에서 귀주로 읽어, 한글 제목이 〈귀주 이야기〉가 되었다고 한다. 〈귀주 이야기〉의 촬영지는 구이저우가 아닌 산시성陝西省이다. 시안이 있는 산시성은 서역 실크로드의 출발지, 사막 바람이 불고 황토 고원이 끝없는 곳이다.

공리보다 눈빛이 더 아름다운 사람들이 사는 곳, 구이저우는 흙먼지 하나 없는 청정 지역이었다. 북미 서쪽 해안 숲의 도시 밴쿠버나 포틀랜드처럼 시퍼런 삼나무가 서 있는 곳. 나는 귀주를 다녀왔다.

첩첩산중 구이저우는 녹색 고원이었다.

호류지는 오로지 편백나무로만 지어 천년 세월을 버텨온 건축물이다.
니시오카 대목장이 1940년대에 호류지 오층탑과 금당을
해체, 수리했는데 1,300년 묵은 기둥을 대패질하니 편백나무 향이
그대로 남아 있더라는 것이다.

일본의 삼나무와
편백나무

무슨 나무가 가장 좋은 나무인지 질문을 받을 때마다 내 답은 같다. "용도에 맞는 나무가 가장 좋은 나무이지요." 가장 좋은 나무가 나는 지역이나 나라는 어디냐고 묻는다면 서슴없이 답한다. "일본 열도입니다. 특히 홋카이도의 활엽수 품질은 세계 최고입니다." 일본 외에도 나무가 좋은 지역은 많다. 북미 대륙의 포틀랜드, 시애틀, 밴쿠버, 그리고 동부의 남북으로 걸쳐 있는 애팔래치아 산맥 일대, 독일의 흑림, 열대우림 지역인 보루네오섬의 자바, 사라왁, 파푸아뉴기니, 환태평양의 칠레, 뉴질랜드 그리고 남미 아마존강의 밀림…. 이런 대단위의 숲과 밀림이 아직 지구상에 건재하지만, 난 늘 일본 열도의 나무를 머릿속에 둔다. 홋카이도의 자랑 활엽수, 혼슈, 시코쿠, 규슈의 대표 침엽수인 삼나무와 편백나무…. 어쩌면 일본의 나무가 바로 이웃에 있어 더 탐나는 것인지도 모르겠다.

2012년 서울 통의동 대림미술관에서 '핀 율 탄생 100주년 가구 전시회'가 대규모로 열렸는데, 전시된 핀 율 가구는 모두 일본 아사히가와 시에서 온 오다 노리쓰구 교수의 컬렉션이었다. 아사히가와는 홋카이도에서도 북쪽 내륙에 위치한 일본의 최대 목재 가구 생산지다. 전시 오프닝이 끝난 후 뒤풀이에 오다 교수와 동석을 하게 되었고 그에게 평소에 궁금했던 질문을 던졌다. "요즘 홋카이도 상황은 모릅니다만 그 많은 활엽수를 어떻게 활용하고 있나요? 나도 30여 년 전에는 홋카이도에서 참나무 제재목을 가져왔고, 그 전에는 한국의 피아노 업체들이 많이 수입을 했습니다." "이제 홋카이도에 좋은 활엽수는 별로 남아 있지 않아요. 이미 100여 년 전 아름드리나무는 죄다 잘라 유럽으로 실어 냈어요. 특히 덴마크 쪽으로 수출을 많이 했습니다." 하나 이것은 오다 교수의 엄살이 분명하다. 젊은 날 내가 수입했던 참나무나 미국 수입상들이 웃돈 주고 가져가던 너도밤나무, 자작나무는 다

어쩌고…. 어쨌든 분명한 것은 단위 부피당 같은 수종의 활엽수 목재 가격으로 따지자면 홋카이도산은 북반구의 나무 중 가장 비싸다는 것이다.

너도밤나무와 자작나무는 북반구 전체에 분포한다. 특히 유럽 대륙에 대단히 풍부한 수종인데, 아주 단단하고 재목으로도 훌륭하지만 무늬결이 그렇게 미려하지는 않다. 그런데 홋카이도에서 자란 너도밤나무와 자작나무의 무닛결은 현란하지 않고 단아하며 기품도 있다.

홋카이도에 너도밤나무가 얼마나 풍성했는지를 알 수 있는 재미있는 에피소드가 있다. 도쿄가 아직 에도라고 불리던 19세기, 삿포로 시청 앞 대로변에 너도밤나무를 제재하여 블록을 깔았다. 너도밤나무를 충분히 건조했겠지만 어찌 나무가 길바닥의 블록 역할을 견딜 수 있겠는가. 삿포로의 겨울 눈, 얼었다가 녹은 길바닥 습기에 어느 목재도 버틸 수 없다. 흥미로운 것은 당시의 시행착오를 기록으로 남기고자 그때 깔았던 너도밤나무 블록을 삿포로 시청 앞길에 전시해두었다는 것. 너도밤나무 원목으로 만든 가구나 제품은 유럽에서는 주로 독일과 덴마크, 아시아에서는 일본에서 볼 수 있다. 모두 너도밤나무 숲이 무성한 나라다. 일본의 생활용품 브랜드 무인양품이 너도밤나무를 이용한 다양한 가구와 소품들을 선보이고 있지만, 가격 탓인지 모두 유럽산 목재를 사용한다.

홋카이도의 활엽수 숲 역시 장관이다. 숲이 얼마나 무성한지 가을철에 여행을 하면 그 웅장함이 미국 동부 지역에 펼쳐지는 거대한 단풍 물결과 다르지 않다. 일본의 연세 지긋한 분들의 애창곡에 자주 등장하는 '시라카바白樺'의 배경도 홋카이도 평원이다. 시라카바는 자작나무다.

일본 하면 삼나무 이야기를 빼놓을 수 없다. 도쿄에서 북쪽으로 멀지 않은 니코 옆으로 장대한 숲을 이루고 있는 거목들이 바로 일본의 삼나무다. 세계적으로 특별히 삼나무가 유명한 지역은 미국 북서부의 포틀랜드와 시애틀, 그리고 더 위로 캐나다의 밴쿠버를 꼽을 수 있다. 그리고 〈삼나무에 내리는 눈〉이라는 데이비드 구터슨의 소설이 떠오른다. 그가 시애틀 출신이니 삼나무를 잘 알고 있었을 것이다. 이 소설은 제2차 세계대전 중 미국에 거주했던 일본인에 대한 미국 사회의 인종 차별과 편견을 담은 가슴 아픈 이야기다.

일본에서 민가를 지을 때 주로 사용한 삼나무는 가볍고 습기에 강하여 잘 썩지 않는 좋은 재목이다. 일제 강점기에 지어 목포, 군산, 강경, 부산 등지에 더러 남아 있는 적산 가옥을 보면 아직도 목재가 멀쩡한데 모두 삼나무다. 같은 시기에 우리 소나무로 지은 집들과 비교하면 삼나무가 잘 썩지 않는 나무라는 것이 또렷이 보인다.

일본의 삼나무가 벅차게 다가오는 이야기가 또 있다. 2012년 베니스 비엔날레 국제 건축전에 참여한 일본관의 주제는 '여기에 건축은 가능한가Architecture, Possible here?'였다. 당시는 동일본 후쿠시마 대지진으로 일본인에게 깊은 상처가 새겨졌던 때. 건축가 이토 도요는 이 피해 지역 주민들과 합심하여 폐허가 되어버린 그곳에 이재민 쉼터 '모두의 집 Home-for-All '을 지었고, 이 프로젝트가 베니스 비엔날레에 옮겨졌다. 피해가 가장 컸던 센다이 지역에서 바닷물 염분에 말라버린 삼나무 25그루가 건축 재료였다. 삼나무가 준 감동 때문인가. 그해 베니스 국제 건축전 황금사자상은 이토 도요의 일본관이 수상했고, 이 삼나무는 한동안 건축계 밖에서도 큰 이슈가 되었다.

여기에 더하여 일본 열도에는 편백나무 향이 수천 리에 머문다. 일본의 궁궐 목수 니시오카 쓰네카즈의 〈나무에게 배운다〉라는 책에서 편백나무를 이야기한 부분을 옮겨본다.

"우리들이 다루는 것은 편백나무입니다. 나무도 사람처럼 나무마다 다 다릅니다. 각기 다른 나무의 성깔을 꿰뚫어보고 그것에 맞게 사용하지 않으면 안 됩니다. 그렇게 해야 천년을 살아온 편백나무로 천년 이상 가는 건축물을 지을 수 있습니다. 그것을 호류지가 훌륭하게 증명해 보이고 있습니다. (중략) 편백나무는 수명이 긴 데다 목수가 사용하기 쉬운 나무입니다. 끌도 잘 먹히고 대패질도 잘됩니다. 소나무와는 매우 다르지요. 손도끼로 깎더라도 편백나무는 가지런히 깎입니다. 소나무는 비틀어져 있기 때문인지 이리저리로 튀어서 위험해요. 그런데 이 편백나무는 단지 부드럽고 사용하기 쉬운 것만이 아닙니다. 가볍게 들어간 못이 50년쯤 지나면 뺄 수 없을 정도입니다. (중략) 편백나무는 그 정도로 단단한 나무입니다."

7세기에 지어진 *호류지는 지구에서 가장 오래된 목조 건축물이다. 파르테논 신전에도 돌을 사용하기 전 목재를 사용해 건축

....

* 호류지 : 일본 나라현에 있는 고찰로 요메이 천황의 아들 쇼토쿠 태자가 601~607년에 세웠다고 전해지며, 현존하는 일본 최고(最古)의 목조 건축물이다.

한 것이 양식으로 선명히 남아 있고, 건조한 지중해, 광대한 중국 대륙과 우리나라에도 수많은 목조 건축물이 있지만, 호류지의 세월에 버금가지 못하는 이유는 뭘까? 일본만 전란이 없었고 화재도 용케 피해 갔을까? 나는 이것이 일본의 편백나무 때문이 아닐까라고 추측해본다. 호류지는 다른 나무를 섞지 않고 오로지 편백나무로만 지어 천년 세월을 버텨온 건축물이다. 놀라운 것은 니시오카 대목장이 1940년대에 호류지 오층탑과 금당을 해체, 수리했는데 1,300년 묵은 기둥을 대패질하니 편백나무 향이 그대로 남아 있더라는 것이다. 그러나 당시에 일본 내에는 편백나무 밑동의 직경이 2m가 넘는 것이 없어 니시오카 대목장이 타이완 고산 지역에서 2,500년 된 편백나무를 공수해 사용했다. 세계 최고最古의 호류지는 가히 '편백나무가 낳은 건축'이라 할 만하다. Amazing Japanese Trees!

흑단과 장미목은 사지도 팔지도 않는다.

세상에서 가장
비싼 나무

"가장 좋은 나무가 뭔가요?"

나무 이야기를 할 때마다 빠지지 않는 질문이다. 답을 드리면 가장 좋은 나무란 없다. 사용하는 사람의 취향이 결정할 뿐이다. 가장 좋은 노래, 그림, 음식이 무엇이냐는 물음이 적절하지 않은 것과 같다. 그렇지만 가장 비싼 나무는 있다. 나무 역시 시장의 수요와 공급에 의해 가격이 결정되는 상품이기 때문이다.

목재 시장에서 가격이 비교적 합리적인 지역은 유럽 대륙이다. 프랑스와 독일이 임산 자원이 풍부하고, 중부와 동부의 오스트리아, 크로아티아, 슬로바키아, 루마니아의 산림도 광대하다. 더

불어 북유럽 스칸디나비아, 스웨덴, 노르웨이, 핀란드는 전통적 임산 자원국이며, 러시아의 툰드라는 지구 최대의 침엽수 공급지다. 합판과 마루판 등 목재 가공품을 만드는 솜씨를 보면 스위스와 독일, 오스트리아, 이 세 나라가 세계 목재 엔지니어링을 선도하고 있다.

미국과 캐나다는 유럽 대륙과는 상황이 또 다르다. 제2차 세계 대전의 참화로 유럽 대륙과 러시아, 일본의 산업 시설은 잿더미가 되었지만 미국만은 건재했다. 슈퍼 파워 미국은 목재 산업에서도 지구의 기준 국가가 되었다. 세계 각국은 목재의 품질 등급을 정할 때 대체로 미국의 규정을 따른다.

밴쿠버, 시애틀, 포틀랜드 등 북미 대륙 서부 해안에 있는 제재소, 합판 공장, 펄프 공장의 원목 야적장, 생산 라인, 물류 창고를 보면 마치 거대한 산이 우뚝 서 있는 듯하다. 임산업, 목재 가공업의 규모가 엄청나니 생산, 관리, 유통도 가히 전 지구적이다. 스위스나 독일처럼 목재 엔지니어링에 따로 신경을 쓰지 않아도 목재 가공품들이 쏟아져 나온다. 그러다 보니 유통되는 목재의 가격이 저렴하다. 경량 침엽수소나무류 목재로 지은 미국 주택 가격이 그토록 싼 이유다.

한국, 중국, 일본의 목재 시장은 구조가 비슷하다. 근래 일본은 자국산 편백나무, 삼나무 공급이 대폭 증가했고, 한국도 국산 낙엽송으로 목재 수입을 일부 대체하기 시작했지만 여전히 수입에 의존한다. 글로벌 스탠더드, 즉 유럽과 미국의 시각으로 보자면 한국, 중국, 일본의 목재 가격은 왜곡이 심하다. 고유의 전통 그리고 동아시아 나무 취향의 원류라고 할 수 있는 중국의 영향이 크다. 중국의 속설과 미신이 한국과 일본의 정서에 깊숙이 자리하여 흑단黑檀, 자단紫檀, 장미목이라 불리는 목재는 모두 천정부지 가격으로 거래된다. 진귀한 흑단, 장미목에 대한 중국 수요가 폭증하며 이제는 국제 시장에서 부르는 게 값인 나무가 되었다.

누가 내게 진짜 흑단을 가지고 오면 나도 바로 매입하겠다. 누가 제대로 구한 장미목을 내게 가지고 오면 역시 바로 사겠다. 그런데 나는 살 수 없다. 인도, 스리랑카의 흑단, 아프리카 마다가스카르의 흑단을 본 적이 없기 때문이다. 브라질과 인도의 향기 나는 장미목 판재도 나는 아직 보지 못했다. 설혹 누군가가 손오공의 근두운에 귀한 흑단 자단을 실어 내게 들고 와도 나는 사지 않을 것이다. 불법 벌채한 국제 밀매단의 소행이 분명하기 때문이다. 멸종 위기에 있는 흑단과 장미목은 국제적으로 벌채도 유통도 금지되어 있는 나무다. 이런 나무들은 사지도 팔지도 않는 것이 세계인의 양식이다. 그런데 심각한 것은 우리나라에서도 소수의 목재상이 이런 희귀한 나무를 수입하여 '물에 가라앉는 나무', '썩지 않는 나무'라 홍보하며 버젓이 유통하고 있다는 사실이다. 이런 목재상들의 설명은 근거 없는 것이거나 불법 벌채해 들어온 것이 대부분이다.

열대우림 지역에서 나는 최고급 수종의 나무로는 동남아의 티크, 아프리카의 웬지가 있다. 티크와 웬지도 멸종 위기에 이른 적이 있다. 다행히 티크는 태국, 말레이시아, 인도네시아, 미얀마, 인도차이나 등 동남아 국가의 조림 사업과 헌신적 보호로 다시 살아나고 있다. 웬지는 여전히 위험 선상에 놓여 있지만 국제적으로 거래가 금지된 수종은 아니다. 웬지는 흑단과 흡사하게 검고 단단하여 아프리카 흑단, 아프리카 로즈우드라고도 불린다. 흑단처럼 밀도가 높아 현악기의 브리지, 핑거 보드, 몸통의 밑판으로도 쓰인다.

미국에서 생산되는 나무 중에는 벗나무와 호두나무가 비싸다. 벗나무는 유럽 대륙에서도 비싼 나무다. 재목으로 사용할 수 있는 목재 양이 매우 적기 때문이다. 미국 동부산 벗나무를 어렵게 구해 들여온 적이 있다. 갓 목공소에 들어온 직원에게 나무 교육을 시키며 "벚나무는 외려 일본에는 재목이 별로 없고 미국에서도 버지니아 주 인근에서 주로 나는데 공급이 풍부하지 않은 아주 고급 목재다"라고 설명하니, 듣고 있던 직원은 내 말이 믿기지 않았는지 이렇게 말했다. "저희 집 마루판이 체리^{벚나무} 원목인데 아주 싼 거라던데요?" 필시 가격이 싼 자작나무에 붉은색을 입혀 벚나무 마루판으로 둔갑시킨 것일 테다. 호두나무도 비싼 목재다. 대항해 시대 이전, 영국과 프랑스 등 유럽 황실 가구에는 호두나무로 제작한 것이 많았다. 유럽 대륙 내에서 찾을 수 있는 가장 단단한 나무였으며, 특유의 고급스러운 검붉은 빛과 사용할수록 윤기가 나는 특성 때문일 것이다. 총에서 손이 닿는 부분에도 전통적으로 꼭 호두나무를 썼다.

예로부터 이집트, 인도, 중국, 유럽 그리고 한국, 일본에서 최고의 나무로 간주해온 흑단과 로즈우드는 이제 정확한 나무 이름이 아니다. 두 나무는 하도 진귀하여 '흑단 비슷한', '로즈우드 같은' 나무의 형용사가 되어 있다. 흑단은 영어로 에보니ebony다. 흑단을 부르던 이집트 고어와 라틴어가 영어의 에보니가 되었다. 지금은 열대우림 지역에서 나는 속이 검고 단단한 나무를 식물의 분류와 상관없이 흑단이라 부른다. 로즈우드도 마찬가지다. 유럽인들이 브라질 아마존 유역을 개척하며 보니 우뚝 선 나무에서 장미 향이 나더라는 것. 향기가 장미와 비슷하고 나무 속이 붉어 영국인들이 '로즈우드^{rosewood}'라 불렀고, 이제 이 단어로 통용된다. 중국 남부 윈난성, 광둥성, 하이난섬에서 자라는 붉고 향기나는 나무, 명나라 때부터 황실 가구를 만들었다는 자단도 로즈우드다. 이제 나무 속이 붉고 단단한 열대 지역의 나무는 그냥 로즈우드가 되었다. 번역하자면 장미목이다. 장미가 우람하게 자란 것이 장미목인 줄 아는 사람도 있지만, 이름이 장미목일 뿐이다. 흑백 사진 속 영국의 처칠 경은 항상 손에 파이프를 들고 있던데, 그것 역시 장미목으로 만든 로즈우드 파이프다.

2018년 11월 눈길을 끄는 중국발 기사가 있었다. "땔감으로 쓰던 나무, 알고 보니 억대 최고급 목재, 중국의 한 공원에서 죽은 나무 두 그루가 우리 돈으로 23억 3,300만 원에 팔렸다." 중국 하이난 하이커우시 인민공원에 심어 있었으며, '황화리黃花梨' 나무라고 했다. 황화리라면 내가 오랫동안 궁금히 여겼던 바로 그 나무가 아닌가! 황화리 나무는 하이난섬이 유명하고 윈난성, 광둥성, 그리고 베트남에서도 자란다. 그러나 당나라 시대 이래

1,500년 세월, 진귀한 목재는 어린 가지 하나 남지 않았다. 중국인들도 중국 대륙에서 황화리 나무를 구할 수 없다는 것을 모를 리 없다. 그런데 명·청 시대 전통 가구로 유명한 중국 푸젠성^{복건성}의 가구촌 센요우에 가보니 온 거리에 황화리 가구가 지천이었다. 가구 값이 태연히 5,000만~1억 원을 호가할 뿐 아니라 조각이 현란한 침대 프레임은 4억~5억 원을 호가하고 있었다

내막은 이러하다. 황화리 나무도 속이 붉고 단단하며 향이 좋으니 장미목 '자단紫檀'으로 분류되었다. 그리하여 지금 인도네시아, 파푸아뉴기니, 솔로몬 제도까지 현지에서 단지 붉은색 때문에 자단으로 불리던 나무는 죄다 동이 났다. 중국 목재상들이 쓸어 가져가고 있기 때문이다. 이것이 중국의 유명 가구 거리에서 황화리 가구로 판매되고 있었던 것. 그런데 진짜 황화리 두 그루가 하이난섬의 인민공원에 남아 있다는 소식이 전해진 것이다. 중국의 로즈우드^{황화리}는 전래하는 신화 위에서 세상에서 가장 비싼 나무가 되었지만 가장 좋은 나무인지는 모르겠다.

그런데 최근 독일에서 목재 엔지니어링의 일대 혁명이 시작되었다. 독일에서도 특히 숲이 깊은 슈드하르츠의 작은 제재소에서 세계 최초로 '진공 열처리 건조'로 목재를 가공하기 시작한 것.

독일의 흑림에서 자라던 너도밤나무, 물푸레나무를 진공 건조 기술로 흑단과 같은 색깔과 품질의 '아프리카 파라오의 흑단'을 만들었다. 진정한 연금술이다. 목재를 완벽하게 건조하니 나무의 색깔이 자연스레 검은 흑단처럼 변했다. 자연 상태의 나무가 어떤 화학적 처리를 거치지 않고도 흑단보다 더 안정적인 목재가 된 것이다. 이제 흑단을 구하려거든 아프리카의 마다가스카르로 몰래 숨어들 것이 아니라 떳떳이 함부르크 공항으로 날아가 마르틴 루터의 동네 슈드하르츠로 가면 된다. 인류가 가졌던 최고가의 흑단을 이렇게 목재 엔지니어링 기술로 만나게 되었으니 그야말로 목재 혁명이다. 세상은 이렇게 변하고 있다.

흑단이나 로즈우드의 예처럼, 세상에서 가장 비싼 나무도 코끼리 상아, 호랑이 뼛가루처럼 속설이나 미신이 만든 것에 불과하다. 첨단의 목재 가공 기술을 보유한 독일 티무라 사timura Holzmanufaktur Gmbh의 톰Tom 대표는 "열대우림의 어떤 진귀한 흑단 로즈우드가 옆에 있어도 목재 품질을 확신할 수가 없다"고 단언한다.

전해오는 나무의 미신은 유럽의 합리 정신을 넘지 못하니, 그래서 '적절한 나무'를 사용한 건축이나 가구를 발견하면 나는 무

심코 지나칠 수 없다.

"좋은 나무를 썼네요!"

켄터키 대평원 출신의 미국 대통령은
젊은 시절 목수 일에 능했는데, 특히 울타리 짓는 솜씨가 빼어났다.
그는 동시와 시를 쓰는 시인이기도 했다.

링컨의
통나무집

영화 〈링컨〉, 천하의 스필버그 감독이 제작했지만 금세 내려졌다. 앞으로 진지한 역사학도가 되기로 작정한 듯한 감독의 강박이었을까. 스필버그는 '노회하고' '능수능란'한 정치인 링컨의 모습을 그렸다. 그런데 정치에 발을 들여놓기 전의 링컨은 변호사로 또 아름다운 동시와 시를 쓰던 인물이기도 했다. 십대부터 시를 썼던 링컨은 변호사와 국회의원 시절에도 그 시심을 잃지 않았다. 거물 정치인으로 성장한 후 고향을 찾은 감동을 노래한 "다시 고향의 집을 찾아My Childhood-Home I See Again" 같은 시의 넘치는 운율과 리듬. 시를 쓰던 맑은 영혼이 이상을 완성하고자 현실에 몸을 던졌다. 노예해방과 남북전쟁.

태평양 너머에 살고 있는 우리가 미국이 몹시 부러운 것은 역대 대통령 중에 정직honest이란 아이덴티티를 가진 분이 여럿 있다는 것. 그중에서도 전 생애를 평가하여 이름 앞에 '아니스트'가 붙은 경우는 에이브러햄 링컨이 유일하지 않을까, '아니스트 에이브'. 그리고 정직한 대통령이 가지고 있던 낭만적 수사가 하나 더 있다. 링컨의 통나무집.

"이 작은 부인이 이번 시민전쟁을 일으켰습니다." 감격한 링컨 대통령이 힘주어 말했다. 거구의 대통령 앞에 서 있는 교사 출신 노예해방주의자 작은 부인은 〈톰 아저씨의 통나무집〉으로 미국과 유럽을 눈물로 적신 소설가 스토우 부인이다. 〈톰 아저씨의 통나무집〉은 1850년경 미국에서 30만 부, 영국에서는 150만 부 판매를 기록한 19세기에 가장 많이 팔린 소설이다.

소설 속 충직하고 신앙심 깊은 톰 아저씨의 오두막집은 켄터키의 통나무집, 링컨도 켄터키 통나무집 출신이다. 일리노이 주가 '링컨의 고장'이라고 불리지만 그곳은 국회의원에 당선된 링컨의 정치적 고향이지 출생지는 아니다. 이 대평원 출신 미국 대통령은 젊은 시절 목수 일에 능했는데 특히 울타리 짓는 솜씨가 빼어났다고 전한다.

19세기 중반 링컨 시대에도 통나무집은 저소득층 혹은 궁벽한 벽지에 임시로 짓던 주거 형태였다. 통나무로 지은 집이 소설이나 영화 속에서는 감동으로 다가 오지만 실제 주거 공간으로 어떠했을지 상상해 보자. 단열이 될 리가 없고, 한겨울 삭풍, 여름의 비바람, 지극히 자연 속의 건축이었다.

그래서 모두들 형편이 나아지면 통나무집은 가축용이나 창고, 저장고 등으로 사용하고 주거 목적으로는 이용하지 않았기 때문에 불과 100년, 200년 전 미국에서 지어진 통나무집도 지금은 쉽게 찾을 수 없다. 오히려 유럽 알프스 티롤 산간지역에 지금도 군데군데 통나무집이 보인다. 17세기에 지어진 북미 대륙에서 가장 오래된 통나무집이 뉴저지 주 스웨스보르에 있는데 바로 스웨덴 이주자들이 집단으로 거주하던 지역이다.

미국이든 유럽 대륙이든 통나무집과 건축용 목재는 거의 소나무, 전나무, 가문비나무 등 침엽수를 사용했다. 신대륙 미국의 동쪽 뉴잉글랜드 지역에 도착한 초기 유럽 이주자들이 서부 해안 북단 시애틀 쪽으로 터를 넓혀나간 최대 동력은 경제적으로 유용한 목재를 획득하는 것이 가장 큰 목적이었다. 유전 확보를 위해서 수퍼 파워국이 어떤 수단이라도 동원하는 이 시대 국제적 양상과도 흡사하다. 풍부한 산림자원이 초기 미국 국부의 중요한 원천이 된 것은 말할 것도 없었고, 시민들은 초라한 통나무집 일지언정 떠나온 구대륙에 비하면 쉽게 내 집을 장만할 수 있었다.

링컨의 통나무집은 선거와도 연관이 있다. 나무를 자른 상태에서 가장 가공 수준이 낮은 것이 통나무이니 통나무 즉 원목은 가공 목재에 비해 저렴하다. 통나무집에서 자란 보통 사람, 서민을 이해할 수 있는 후보. 자연히 통나무집 출신 캠페인은 '가난한 이웃'이라는 정치적 감성을 지녔다. 미국도 과거에는 통나무집 출신이라면 선거운동 기간에 제법 효력이 있었던가 보다. 일리노이주 국회의원에서 합중국 미국 대통령에 이르기까지 치뤘던 많은 선거 캠페인에서 통나무 집은 정치인 링컨의 상징이 되었다.

대통령 출마 채비에 분주하던 링컨이 고향을 방문했다. 그의 시 "고향을 다시 찾아" 첫 연은 이러하다.

어린 시절 집을 다시 보니

My childhood's home I see again,

그 광경 슬프나

And Sadden with the view,

풍성한 기억은 아직 생생하고

And still, as memory crowds my brain,

기쁨도 함께 머무르는 곳

There's pleasure in it too

– 링컨, 「고향을 다시 찾아」

변호사이며 정치적으로 이미 성공한 인물이 고향의 통나무 집 앞에서 쓴 시다.

링컨 이름 못지않은 그의 통나무집 감성이 담긴 '링컨 로그 Lincoln Logs' 브랜드의 나무 장난감도 있다. 존 라이트라는 이가 만든 링컨 로그는 '동경의 임페리얼 호텔', '링컨의 통나무집', '톰 아저씨의 통나무집' 등을 조립하는 나무 장난감이다. 재미있게도 존 라이트는 동경 임페리얼 호텔을 설계한 20세기 거장 건축가 프랭크 로이드 라이트의 아들이다. 프랭크 로이드 라이트는 링컨의 정치적 고장 일리노이 출신이며 일리노이즈주의 심볼이 링컨이다. 통나무집과 링컨이 주는 이미지가 얼마나 매력적이었기에 동경의 임페리얼 호텔 모양을 쌓는 나무 장난감 브랜드도 링컨일까.

예수에 관한 책^{성경} 다음으로 많이 팔린 책이 링컨 전기라고 한다. 다음의 시 「오 캡틴 마이 캡틴」은 1865년 링컨이 저격되던 해, 월트 휘트먼이 그를 애도하며 쓴 시다. 영화 〈죽은 시인의 사회〉에서 키팅 선생이 교실을 떠나는 마지막 장면, 학생들이 책상 위에 올라가 외치던 '오 캡틴 마이 캡틴', '아 대장 나의 대장' 링컨에게 바쳤던 월트 휘트만의 조시^{弔詩}다.

오 캡틴, 나의 캡틴!
우리의 두려운 여행은 끝났네요.
인생은 갖은 난관을 견뎌내었고,
우리가 추구한 꿈도 이루었습니다.
항구는 가까워지고, 종소리는 들리고,
사람들은 모두 환호하고 있습니다.
사람들은 든든한 선체에 눈길을 모읍니다.
엄숙하고 용감한 그 배에,

그러나 오 심장이여! 심장이여! 심장이여!

- 월트 휘트먼, 「오 캡틴 마이 캡틴」

예수는 말구유에서 링컨은 통나무 집에서 태어났다. 링컨은 솜씨 좋은 목수였고, 큰 키에 완력이 대단했던 시골 사람 그리고 보수적인 침례교인이었다. 미국 변방의 통나무 집에서 태어난 이는 시를 쓰며 집을 고치고 나무 울타리를 치는 데도 능숙했다. 그런 링컨이 스필버그 감독에게는 세상에서 가장 노련한 정치인이기만 했다. 혹시 스필버그 감독이 다시 〈링컨〉을 제작할 기회가 있으면 대평원에서 통나무집을 짓던 젊은 목수, 시를 낭송하던 나무꾼은 어떨까.

로마인들은 지중해변에서만 자라는 이 측백나무,
사이프러스의 이름을 키프로스에서 빌려왔다.
키프로스는 에게 해의 온갖 전설을 가지고 있는 섬,
사도 바울이 로마 전도 여행을 오가며 머물던 곳이기도 하다.

반 고흐의
여름 나무

사이프러스Cypress는 여름에 봐야 한다. 빈센트 반 고흐가 이 나무를 여름에 그렸기 때문이다. 여름에만 이 나무를 그렸다. 「밀밭의 사이프러스」, 「까마귀 휘저어 다니는 밀밭」, 「고갱과 어깨 붙여 걷던 길가에」, 「별이 빛나는 밤에」 그림들의 화폭에 삐죽이 서 있는 '검청색 큰키나무'는 바로 고흐가 오벨리스크 같다고, 또 뾰족탑 같다고 묘사한 프로방스의 사이프러스나무다. 정확히는 '이탈리언 사이프러스', 지중해 연변에서 자라는 침엽수이다.

반 고흐의 아카이브를 보면 1889년 레미 요양소에 들어가 있던 시절, 생의 마지막을 예감하였는지 화가는 귀신 들린 듯 사이프러스를 그렸다. 위에 언급한 작품이 모두 그때 그린 것이다. 이 키 큰 나무가 반 고흐에게 얼마나 인상적이었는지 동생 테오에게 보낸 편지에 "이 나무를 이제 보았다"라고 썼다. 나도 유럽 여행 중 북쪽의 네덜란드와 프랑스 파리에서 사이프러스나무를 본 적이 없다. 유난히 빛 색깔을 읽어내던 네덜란드 화가에게 남녘 프로방스의 여름, 껑충하고 혼자 시퍼런, 심지어 검은 듯한 나무는 유별나게 다가왔을 것이다. 남부 유럽 프로방스, 아프리카 사막 바람 불어오는 여름, 시야는 온통 노랗고 붉은데 드문드문 녹색으로 박혀 있는 사이프러스를 화가는 놓치지 않았다.

로마인들은 지중해변에서만 자라는 이 측백나무의 이름을 키프로스Cyprus에서 빌려왔다. 키프로스는 에게 해의 온갖 전설을 가지고 있는 섬, 사도 바울이 로마 전도 여행을 오가며 머물던 곳. 나무 사이프러스Cypress는 이름도 예사롭지 않다.

무어인 최고의 건축, 스페인 그라나다의 알함브라 궁전에 사이프러스가 없다면 사람들이 '알함브라 궁전'을 그렇게 노래하고 추억했을까. *프란시스코 타레가의 숨막히는 기타 선율이 흐르는 「알함브라 궁전의 추억」, 워싱턴 어빙의 소설 속 막내 공주가 밧줄을 타고 내려오지 못하니 애간장 녹이며 이 순간을 쳐다보던 눈들, 이베리아 높새바람 700년 긴 밤 묻혀 있던 이야기들, 궁전 안 사이프러스나무 아래 후궁들의 로맨스, 지브롤터 해협 너머 다시는 돌아가지 못할 붉은 궁전. 이 모두를 샅샅이 기억하는 건 알함브라 궁전의 사이프러스나무뿐이다. 아프리카 사막을 건너온 무어인에게 사이프러스는 영원한 생명의 나무였다. 강수량이 적은 지역에 땅으로 깊이 뿌리 박아 하늘을 찌르는 검초록 나무, 그늘이 길어 끝이 보이지 않으니 더위에 지쳐 있는 이들이 경외할 수밖에 없는 나무이다.

나무는 같은 과로 분류되어도 대륙과 지역에 따라 그 모양새, 심지어 특성도 달라 다른 종류로 보이는 것이 많다. 북미 대륙의 온갖 나무는 종류가 같아도 아시아, 유럽의 나무보다 일단 크다. 지중해변 껑충 키 큰 사이프러스와 달리 미국의 사이프러스는 둥치가 굵다. 캘리포니아 주 몬트레이, 페블 비치를 비롯한 여러 명문 골프 코스의 태평양 바닷가에 이 나무가 주섬주섬 서 있는 것도 장관이다.

....

* 프란시스코 타레가(1852~1909) : 19세기 후반 스페인을 대표하는 기타 작곡가이자, 20세기적인 의미에 있어서 현대적인 연주법을 완성한 연주가.

미시시피 강 남단 루이지애나 습지에 자라는 사이프러스도 있다. 미시시피 강이 늘상 범람하는 캣 아일랜드에는 물 위에 자라는 사이프러스. 반 고흐가 루이지애나를 여행했다면 사이프러스와 함께 '어슬렁거리는 악어'도 그렸을지 모르겠다. 나무가 크고 흔하다 보니 미국에서는 사이프러스도 소나무처럼 일반 건축 자재용으로 사용한다. 애틀랜타, 사우스캐롤라이나, 루이지애나 등 미국 남부 지역에 가면 '사이프러스 목재, 판재 팝니다'라는 광고판이 자주 눈에 뜨인다. 사이프러스는 내수성이 강하여 주로 데크나 외벽재로 사용하고, 고유의 짙은 향기는 벌레의 접근도 막아 준다.

사이프러스나무를 신앙의 대상으로까지 모시는 곳이 있으니, 일본이다. 재패니스 사이프러스, 바로 히노키檜木, 편백나무다. 일본인들은 특별히 기소 지역의 히노키에는 신이 깃들어 있다고 믿는다. 일본의 수많은 신사神社 중에도 *이세 신궁의 히노키 건축이 유명하다. 이세 신궁은 독특하게도 경내의 모든 건축을 20년마

* 이세 신궁 : 일본 미에 현에 있는 일본 최대 크기의 신사다. 내궁과 외궁으로 신사가 나뉘어 있고 특히 20년에 한 번씩 신궁을 새로 짓는 '식년천궁'을 거행하고 있다.

다 한 번씩 다시 짓는다. 이때마다 작업을 지휘한 당대 도목수의 이름을 하나하나 기록해두었는데, 그 세월만 1,200년이다. 신궁 입구의 박물관에 공개한 이 역사의 기록이 곧, 일본 히노키 건축의 기록이다.

일본은 17세기 초 도쿠가와 막부가 시작되며 히노키 조림을 대대적으로 시작했고, 제2차 세계대전 후에는 전 열도에 빼곡히 나무를 심었다. 일본 정부는 히노키 원목과 목재만은 오랫동안 국외 수출을 금지해오더니 요즈음 규슈, 시코쿠 지역 간벌목만으로도 수량이 차고 넘쳐 미국산 사이프러스보다 더 싼값으로 해외에 판매하고 있다.

그런데 반 고흐의 사이프러스가 일본에서는 '삼杉나무'로 소개되어 있다. 「삼나무가 있는 밀밭」, 「삼나무와 별이 있는 길」, 「삼나무와 두 여인」. 참고로 삼杉은 일본어로 스기すぎ다. 반 고흐의 이탤리언 사이프러스, 일본의 히노키 그리고 스기는 모두 측백나무과로 분류되는데 나뭇잎과 향기가 흡사하여 마치 친형제 같다.

히노키가 신사神社의 나무, 귀족의 나무라면, 삼나무는 일본 민중의 정서와 함께하는 나무다. 서구에서는 재패니스 시더Japanese Cedar로 부른다. 일본에서는 같은 측백나무과란 이유로 반 고흐의 사이프러스를 삼나무로 번역했다. 우리 미술책에 반 고흐의 사이프러스가 삼나무로 쓰여 있는 것은 아마 일본 번역을 옮겨 왔기 때문일 것이다.

일본에서 흔하디 흔한 삼나무는 건축용 목재 용도로 아주 **빼어**나다. 일본 전통 건축과 대다수의 민가는 삼나무로 지어져 있는데, 일제 강점기에 우리나라에 지은 군산, 목포의 적산 가옥에도 삼나무는 썩지 않고 반듯하게 남아 있다.

반 고흐 그림의 사이프러스나무가 있는 풍경, 지중해변 이탤리언 사이프러스를 삼나무로 읽는데 프로방스의 빛이 보이는가? 삼나무스기든 회나무히노키든 그냥 사이프러스로 읽을 때 누런 밀밭에 까마귀가 날고 화폭의 강렬한 빛이 다가온다.

반 고흐, 「밀밭의 사이프러스」(1889)

버드나무의 서정은 동서양이 다르지 않다.
비극의 시작, 버드나무 가지를 꺾는 것은
사랑하는 이와 헤어진다는 뜻이다.

소설의
나무들

어째서일까. 소설 속에는 나무 이름이 드물다. 나무, 나뭇가지, 나무 기둥, 가로수, 낙엽, 숲… 대개 이런 표현에서 그친다.

톨스토이의 우화와 동화에는 사과나무, 벚나무, 자작나무가 자주 등장하지만, 그의 대하소설에 나무가 등장하는 건 〈부활〉의 자작나무, 〈전쟁과 평화〉에서 언급되는 떡갈나무가 전부다. 톨스토이뿐 아니라 위대한 고전 소설에서도 나무에 대한 묘사가 드문 것 같다. 그냥 '나무'라 언급할 뿐 그 지역의 풍토를 엿볼 수 있는 수종에 대한 묘사를 만나기가 쉽지 않다.

우리 시대의 인기 작가 무라카미 하루키의 소설은 또 어떤가.

먹는 메뉴를 그렇게 세세히 묘사하고 주인공은 밥 먹듯 섹스를 하는데, 배경을 설명하며 나무를 언급한 적이 있던가. 그의 소설 〈노르웨이의 숲〉은 비틀스의 팝송에서 빌려온 제목이다. 국내에서는 한때 책 제목을 〈상실의 시대〉로 바꾸어 장안의 종이 값을 올렸는데, 나 같으면 사지 않았을 제목이다. 나는 〈노르웨이의 숲〉을 샀다. 책 제목만을 보고 기대를 품었지만 책 속에는 나무를 언급한 대목이 없었다. 가만히 보면 이렇게 '쿨한' 문체로 일관하는 작가들은 고즈넉하게 나무, 들꽃, 새 이름은 아예 쓰지 않는 것 같다. 노벨문학상을 수상한 터키의 작가 오르한 파묵의 글도 마찬가지다. 터키의 광활한 대지 위에, 나무 위에 그냥 눈이 내린다. 장황한 그의 글에서도 오스만 터키의 나무 식생을 읽지는 못했다. 우리 작가 김훈, 한강의 글도 마찬가지다. 이들의 글에서 자연에 대한 묘사는 별로 본 기억이 없다. 그냥 "나무가 서 있다", "새는 나무 위로 날았다", "산을 넘으니 강이 나왔다"는 식이다. 어쩌면 요즘 소설에서는 나무 이야기, 강가의 물안개, 꽃말 등 고전적 서정은 기대하지 않는 편이 나을지도 모르겠다. 그러니 나는 소설이 통 재미가 없다.

'끝까지 읽을 것인가.' 나를 시험에 빠뜨린 소설 윌리엄 포크너의 〈소리와 분노〉. 영문학자 나영균 선생이 "윌리엄 포크너는 진정한 천재 작가"라고 말씀하시던데, 한 페이지 넘기기가 벅찼다. 그나마 책을 읽게 만든 것은 도입부의 배경이 목장이고, 히코리Hickory와 관목 덩굴 이야기가 나온다는 것. '아, 글에 히코리가 나오지 않았더라면….' 나는 나무 이름 '히코리'에 대하여 목재를 만져온 사람으로서 어떤 사명감을 가지고 있다. 한국어로 번역된 글, 소개서, 카탈로그, 어디에서도 히코리 번역을 본 적이 없었다. 미국의 히코리를 영어 그대로 쓰고 있다. 오크Oak, 애시Ash, 월넛Walnut은 참나무, 물푸레나무, 호두나무로 쓰니 우리 곁의 나무 같은데 히코리는 발음마저 마치 화성에서 온 나무 같다. 히코리는 쓰임이 많고 의외로 우리 생활 속에 깊숙이 들어와 있는 나무다. 미국에서 들여온 소시지와 연어에 '히코리 훈제Hickory smoked'된 것이 많고, 미국산 맥주, 위스키도 히코리에 숙성한 것이 많다. 버본 위스키는 히코리에 숙성하여 스카치 위스키와는 그 향이 확연히 다르다. 히코리는 호두나무와 비슷한 종으로 '가래나무'라고 부르면 될 터이다. 가래나무는 이 땅의 토종 호두나무이고 히코리도 가래나무과다. 그래도 석연치 않다면 '미국 가래나무'라 불러도 좋겠다.

재미없기로는 일본 소설가 오에 겐자부로의 글도 빠지지 않는다. 겐자부로 선생도 노벨문학상 수상자이며, 일본 평화헌법을 지키는 데 앞장서는 인사다. 즉, 아베 신조 총리의 헌법 개정에 앞장서 반대하는 분! 나는 겐자부로의 소설 〈레인트리를 듣는 여인들〉도 견디며 견디며 읽었다. 레인트리는 하와이의 리조트나 공원에서 흔히 볼 수 있는 나무인데, 키보다 옆으로 길게 자라는 게 특징이다. 레인트리를 만나면 멀리 동떨어진 열대의 세계가 펼쳐진다는 느낌이 더운 날씨보다 먼저 전달된다. 하와이에 도착한 소설가도 그러했으리라. 해거름에 잎이 오므라들고 비가 와도 잎이 말려버린다. 자연히 비는 무성한 나뭇잎과 상관없이 내린다. 비를 흘러내려 레인트리다.

주인공은 소설가이자 문학 교수인데, 소설 속 주인공의 말이 내가 평소에 생각하는 것과 너무 비슷하다. "나는 외국에 갈 때마다 각 나라의 토지와 기후 속에서 그 고장다운 수목을 발견하기를 늘 기대합니다. 그것도 한 수목이 그 고장에서 어떻게 불리는가를 알고서야 비로소 그 나무를 알게 되었다고 느끼는 것입니다."

나무 이름만으로 시선을 사로잡은 글들도 있다. 제임스 조이스와 헤르만 헤세의 나무를 빼놓을 수 없겠다. 두 작가의 글에는 나무 이름이 여러 번 등장한다. 〈젊은 예술가의 초상〉은 조이스 자신의 성장기를 기록한 것이고, 〈데미안〉 역시 헤세 자신의 이야기다. 남 이야기를 엿듣는 재미도 크지만, 무엇보다 조이스의 아일랜드, 헤세의 독일에 서 있는 나무들이 한반도의 풍경과 크게 다르지 않아 생소한 느낌 없이 읽을 수 있었다. 주인공은 전나무, 소나무, 포플러에 기대어 요동치는 하늘을 응시한다. 포플러가 등장하지 않는 〈데미안〉이었더라면 에밀 싱클레어의 방황은 실감 나지 않고 그냥 밋밋이 흘렀을 것 같다. 싱클레어가 데미안의 어머니 에바 부인을 처음 만났을 때의 큰 나무는 마로니에다. "마로니에를 보고 나는 흔들렸고 포플러에 기대어 나는 다시 태어났다." 헤세의 소설에 나무가 그렇게 묘사되지 않았다면 작가의 섬세한 감정선이 내게 전해 왔을까.

샬롯 브론테는 〈제인 에어〉에서 나무로 배경을 만들고, 나무를 통해 소설의 흐름에 넌지시 암시를 준다. 결혼 전날 밤 주인공이 본 나무는 호스 체스넛Horse chestnut, 즉 마로니에이고, 훗날 제인 에어가 다시 손필드로 돌아와 보게 되는 나무 체스넛Chestnut은 밤나무다. 주인공의 운명을 나무가 알려주는지 로체스터는 갈라진 마로니에 나무 둥치 밑에서 제인 에어에게 청혼을 한다.

〈설국〉의 작가 가와바타 야스나리의 짧은 소설 〈이즈의 무희〉는 마지막 장 마지막 줄에 이르기까지 읽는 사람을 떨리게 한다. 삼나무, 소나무, 대나무로 캄캄한 산, 겨우 난 '여우길'에서 동행하는 주인공과 어린 기녀의 이야기. 이즈는 도쿄 바로 밑 시즈오카의 이즈 반도다. 내 독서 편력에 〈이즈의 무희〉보다 섬세한 글을 읽은 적이 있었을까? 소설은 주인공이 산길에서 어린 무희와 우연히 만나 이즈의 포구에서 작별하기까지 2~3일간의 동행한 이야기일 뿐이나 작가의 묘사는 재미있다는 표현이 적절치 않고 소름까지 돋는다. 일본의 산골 마을, 온천장의 모습, 향토 풍속을 글에서 마주하면 내가 그 산길을 걷고 있다는 생각이 들 뿐 아니라 이즈 반도 가파른 등성에 서 있는 삼나무, 대나무 잎의 푸른색에다 숲을 스치는 바람 소리까지 들린다.

한국 문학에서 나무가 상세히 묘사된 작품으로는 춘원 이광수의 〈원효 대사〉가 있다. 〈원효 대사〉는 1942년부터 이듬해까지 〈매일신보〉에 연재됐던 소설로, 이렇게 시작한다 "아리냇^{알천}가의 버들과 느릅나무에 연한 잎이 나불나불 봄볕을 받을 때다. 십칠만 호라는 사라벌 후원의 뜰가와 담 밑의 살구, 복숭아, 이스라

꽃도 졌다."

아리냇가의 느릅나무와 버드나무에 녹음이 우거지고 느릅나무 다리에서 원효와 요석 공주의 로맨스가 시작된다. 〈삼국유사〉의 느릅나무 다리를 근거로 춘원이 이렇게 글로 풀었다. 〈삼국유사〉에 의하면 원효 대사는 지금의 경상북도 경산 압량별 태생이다. 나는 대구, 포항, 부산 등지를 여행할 때 일부러 경주에 묵는 경우가 많다. 경주이기 때문이다. 대한민국의 서울을 서울로 부르기로 한 것은 1946년부터다. 춘원은 1930년대에 쓴 〈이차돈의 사〉 그리고 1942년 작 〈원효 대사〉에서 경주를 '서울'로 쓰고 있다. 경산과 경주를 지나가면 느릅나무 다리라는 뜻의 '유교檢橋' 지명이 지금도 남아 있다. 여기의 유檢는 느릅나무다. 〈삼국유사〉가 쓰여지기 전 신라 때부터 불렸던 지명을 추적한 춘원이 놀랍다.

또 절절히 슬픔을 전달하는 글 속의 버드나무. 기생 홍낭이 남긴 시조에 "묏버들 가려 꺾어 보내노라 님의손대"라는 구절이 있다. 버드나무를 꺾어 주는 것은 중국에서도 우리와 다르지 않은 이별의 표현이다. '절류折柳', 즉 버드나무를 꺾는 것은 사랑하는 이와 헤어진다는 한자말이다.

버드나무의 서정은 동서양이 다르지 않은데, 셰익스피어의 비극 〈오셀로〉의 여주인공 데스데모나도 본인의 죽음을 예감하고 '버드나무'라는 옛 노래를 부른다. "푸른 버들 노래를 불러라. 버들 노래를 불러라. 버들 버들 버들." 어머니의 하인이 부르던 노래 버드나무였다. 셰익스피어 희곡을 항상 머리맡에 두고 읽었다는 작곡가 베르디가 이를 각색해 만든 오페라 〈오셀로〉에서 데스데모나의 「윌로우 송버드나무 노래」은 세기의 소프라노 가수들이 부르고 있다. 나는 오늘 마리아 칼라스 버전의 「윌로우 송」을 듣고 있다.

내가 손꼽는 무엇보다 아름다운 문장에는 편도扁桃나무가 들어 있다. 카뮈의 에세이, 카잔차키스의 시, 반 고흐의 편지에 쓰여 있는 편도나무다. 편도나무는 우리말 성경에도 창세기부터 여러 장면에 등장한다. 야곱의 편도 꽃, 아론의 지팡이, 예레미아의 예언. 그런데 성경에는 살구나무, 편도나무, 복숭아나무로 제각각 번역되어 독자를 혼란케 한다. 편도나무는 바로 아몬드Almond나무다.

팔레스타인에서 성경을 쓴 이들이나 화가 반 고흐 못지않게 아몬드나무 꽃에 화들짝 감동한 적이 있다. 1월 시칠리아를 여행할 때였다. 겨울 날씨가 얼마나 따뜻했는지 카타니아 공항에서부터 땀이 배었다. 화창한 지중해 날씨에 신들의 계곡 아그리

젠토를 찾았다. 헤라 신전, 콘코르디아 신전이 바짝 다가오기까지 길 주변의 올리브 잎 녹색은 햇빛에 반짝거렸건만 신전으로 들어가는 순간 제우스의 조화인지 헤라의 심술인지 비가 뿌렸다. 지중해의 날씨에 방심했던 나는 스산한 비바람에 혼비백산했다. 비바람 속에 황폐한 누런 신전 앞에 다가서는데 갑자기 빛나던 하얀 꽃들. 복숭아꽃 살구꽃 같기도 했고 벚꽃보다는 봉우리가 컸다. 컴컴한 암스테르담 반 고흐 뮤지엄에서도 일순 실내를 밝히는 그림 「꽃 피는 아몬드 나무Almond Blossom」(1890) 속의 꽃, 아몬드나무 꽃이었다. 아몬드나무는 지중해 연안과 아프리카 북단에서 한 해가 바뀌면 가장 먼저 꽃을 피운다. 잎보다 꽃이 먼저 피어 중동 지중해 연안에서는 생명, 구원의 상징으로 알려져있다. 예수와 마리아를 그린 성화의 타원형 테두리가 바로 아몬드 형상이다. 이 아몬드나무 꽃이 반 고흐의 그림에서는 새로운 생명, 카잔차키스에게는 신神, 카뮈의 글에는 찬란한 희망이 되었다.

 카뮈도 카잔차키스의 아몬드도 전부 편도나무로 번역되어 있는데, 아마도 실크로드를 따라 중국으로 흘러온 아몬드를 한자 편도扁桃로 썼기 때문일 것이다. 카뮈의 〈결혼, 여름〉의 글에 번역

된 편도나무를 아몬드나무로 바꾸어보면 꽃은 내 곁에 와서 빛
난다.

"알제리에 살고 있었을 때 나는 항상 겨울을 잘 참고 지냈다.
어느 날 밤에, 2월의 싸늘하고 순결한 하룻밤에, 레 콩쒤 계곡
의 아몬드나무^{편도나무}들이 하얀 꽃들로 뒤덮이게 되리라는 것을
알고 있었기 때문이었다. 그러고 나서 나는 그 연약한 눈빛의
꽃이 모든 바닷바람에 저항하는 것을 보고 황홀함을 금치 못했
다. 그런데도 해마다 그 꽃은 열매를 준비하는 데 꼭 필요한 만
큼만 끈질기게 버티는 것이었다. (중략) 불행으로 온통 가득하
기만 한 이 유럽 땅에서 때때로 삶의 짐이 너무 무겁게 여겨질
때면, 나는 그토록 많은 힘들이 고스란히 남아 있는 저 빛나는
고장들로 되돌아가본다는 뜻이다."

- 알베르 카뮈, 〈결혼, 여름〉

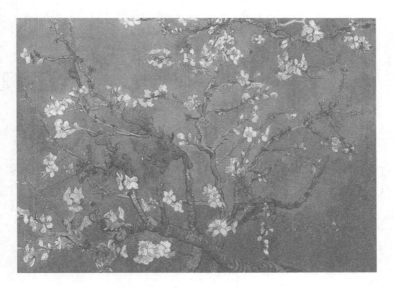

반 고흐, 「꽃 피는 아몬드나무」(1890)

겨우내 '호크니의 시각'으로 잔가지,
줄기까지 드러나는 벌거벗은 나무를 하나하나 보았다. 나무가 보였다.
느티나무의 수형, 밤나무의 세밀한 가지, 무뚝뚝한 물푸레나무,
대추와 산배나무까지. 나무쟁이는 노화가에게 나무 보는 방식을 배웠다.

나무는 겨울에
제대로 보인다

몇 해 전 경마장 가는 길을 지나 갑자기 별천지 산길이 나타나는 과천 국립현대미술관에 '큰 나무들'이 걸렸다. 데이비드 호크니, 할리우드 작가가 어떻게 이 큰 나무를 그렸을까? 미국 캘리포니아의 태양이 내리쬐는 수영장, 애리조나 선인장, 졸고 있는 강아지를 그리던 분 아닌가? 미술 평론가 마틴 게이퍼드가 쓴 〈데이비드 호크니와의 대화Conversations with David Hockney〉를 통해 이분이 영국 요크셔 출신인 것을 알았다. 그런데 어느 영민한 출판사에서 〈다시, 그림이다〉라는 타이틀로 이 책을 번역 출판했다. 사뭇 선동적 제목의 이 책은 철저히 호크니의 시각으로 캔버스에는 물론이고 심지어 아이폰과 아이패드에까지 '그리는 행위'의 전후를 설명한다. 그래, 미술이 그림이지 무슨 비디오며 설치란 말이냐, 그림이다!

호크니와의 대화는 대뜸 큰 나무 그림으로 시작한다. 수구초심인가. 30여 년 LA 생활을 접고 고향 요크셔로 돌아온 호크니는 주변의 낯익은 풍경 속 나무들을 열심히 그리기 시작했다. 정다운 고향 마을과 옛 동산의 나무들에 화가는 얼마나 심취했는지 전시를 위해 다시 미국을 찾았을 때에는 이른 봄에 피는 고향 마을의 산사나무 꽃을 보지 못해 아쉬워한다. 최근에는 실제로 황량한 들판에 홀로 꽃을 피운 산사나무를 그렸다. 국립현대미술관의 전시 작품 「와터 근처의 더 큰 나무들Bigger Trees Near Warter」(2013)은 앙상한 겨울 나무의 모습이다. 작품 해설에는 이 나무가 '플라타너스'라고 번역되어 있었다. 호크니가 고향 마을의 나무를 많이 그리고 있지만 친절히 나무의 이름까지 밝히지 않아 아주 궁금했다. 그런데 〈다시, 그림이다〉를 보니 이 그림을 그린 똑같은 위치에서 사진을 찍고 호크니가 '시카모어와 너도밤나무Sycamores and Beeches'라고 썼다. 아하, 전시에서 시카모어를 플라타너스로 번역했구나. 틀린 번역은 아니나 플라타너스는 미국식 나무 이름이다. 영국의 시카모어를 미국에서는 그냥 플라타너스라고 부른다. 파리, 런던, 보스턴의 가로수로 플라타너스가 많다. 영국의 시카모어와 플라타너스의 나뭇잎이 흡사하여 미국에서는 구분하지 않고 그냥 플라타너스다. 나뭇잎이 비슷하면 뭉뚱그려 같은 이름으로 부르고 쓰는 경우는 어디에서나 흔한 일이다.

호크니의 큰 나무 시카모어는 영국 단풍나무다. 대단히 크게 자라는 나무여서 그레이트 메이플Great Maple이라고도 부른다. 흔히 우리가 알고 있는 단풍나무는 단단하여 하드 메이플Hard Maple이라고 하는데 캐나다 국기에 그려진 빨간 단풍잎이 바로 하드 메이플의 잎이다. 시카모어는 특별히 단단하거나 나뭇결이 그리 미려하지는 않다. 영국에서는 시카모어를 바이올린의 몸통 제작에도 사용했다. 아마 주변 나무 중에서 시카모어가 특별히 크게 자라는 나무여서 악기의 재목으로 손쉽게 사용한 것 같다. 이탈리아에서 가문비나무로 현악기 몸통을 만들었듯이 말이다.

너도밤나무는 유럽을 대표하는 활엽수라 할 만하다. 북반구의 나무들은 지역과 상관없이 기후에 따라 자라는 것이 얼추 비슷한데, 유독 너도밤나무는 유럽 대륙에서만 흔하다. 벨기에산 혹은 프랑스산 화구의 나무는 전통적으로 너도밤나무이다. 아시아에

서는 홋카이도의 너도밤나무가 아름다운 무늿결로 명성이 자자
하고 우리나라에는 울릉도에서만 군락을 이루고 있다.

호크니가 〈가디언〉지에 쓴 편지에 따르면 고향 이스트 요크셔
의 큰 나무들은 바닷바람으로부터 토양을 보호하기 위해 방풍림
으로 심은 것이라고 한다. 북해에서 불어오는 큰바람을 따라 스
칸디나비아 바이킹이 요크셔로 넘어왔다. 잉글랜드의 동쪽에 위
치하고 있는 요크셔Yorkshire의 '셔shire'는 바이킹어로 '큰 마을'이라
는 뜻이다. 지금 영국 왕조가 시작되기 한참 전인 8~9세기부터
수백 년 동안 요크셔 지역은 덴마크와 노르웨이 바이킹족이 지배
했다. 그러니 덴마크 왕자 햄릿이 혼자 중얼거린 것을 희곡으로
쓰고 연극 무대에 올려도 영국에서는 전혀 이상할 것이 없다.

덴마크와 잉글랜드 중부 지역 요크셔는 북해의 거친 바람 속에
수백 년간 대구와 청어 잡이를 같이 하던 연합 왕국이었다. 요크
셔 토박이 호크니도 바이킹의 피가 면면히 남아 큰 나무에 집착
하는지 모른다.

국립현대미술관에 전시되었던 호크니의 큰 나무 그림 「와터
근처의 더 큰 나무들」은 세로 4.5m, 가로 12m가 넘는, 회화 역사
상 가장 큰 풍경화로 2007년 영국 왕립미술원의 여름 전시에 처

음 선을 보인 후 2008년 호크니가 런던 테이트 모던 미술관에 기증한 작품이다. 몇 년 전 내촌목공소의 창고에서 서용선 작가의 그림 「독도, 동도에서 본 서도」를 전시한 적이 있다. 가끔 전시 공간으로도 사용하는 내촌목공소 창고는 오랜 세월 동안 마을의 감자, 비료를 보관하던 농협 창고였는데, 지붕의 높이가 10m를 넘는다. 나는 그때까지 캔버스에 그린 그림 중 서용선의 '독도'보다 더 큰 회화를 본 적이 없었다. 서용선이 한 캔버스에 대형 회화를 그린 것과 달리 호크니는 발랄하게도 큰 나무를 수십 개로 나누어 그린 후 조합해버렸다. 이 노익장의 기발함이란!

그뿐이 아니다. 호크니는 아이폰을 익혀 그림을 그리다가 지금은 아이패드로도 열심히 그린다. 화구를 짊어지고 야외에 나가던, 그리고 준비된 공간에서만 작업할 수밖에 없던 그리는 방식을 아이패드가 해방시켰다고 환호하고 계시다. 아이패드 드로잉으로 침대에서 일어나 자신의 발을, 재털이를, 구겨진 모자를 마구 그리고 있다. 호크니는 본인의 연식과 상관없이 종횡무진이다.

요크셔는 영국에서도 특별히 정원과 녹지로 알려진 곳. 〈폭풍의 언덕〉과 〈제인 에어〉를 쓴 소설가 브론테 자매도 요크셔 출신

이다. 북해의 지독한 바람을 막기 위해 큰 나무 시카모어, 너도
밤나무를 심었고 바이킹의 공포, 로맨스, 대구 잡이 뱃노래가 아
직 고스란히 남아 있는 곳. 호크니의 그림 '큰 나무'는 고향 요크
셔의 나무다. 영국에서 유달리 큰 나무가 많은 지역, 호크니를 통
해 요크셔의 큰 나무를 보았다. 나무를 제대로 보는 법도 호크니
에게 배웠다. 요크셔 영감님은 잎이 전부 떨어진 겨울에야 나무
의 제 모습이 보인다고 한다. 겨우내 '호크니의 시각'으로 잔가
지, 줄기까지 드러나는 벌거벗은 나무를 하나하나 보았다. 나무
가 보였다. 느티나무의 수형, 밤나무의 세밀한 가지, 무뚝뚝한 물
푸레나무, 대추와 산배나무까지. 나무쟁이는 노화가에게 나무 보
는 방식을 배웠다.

호크니, 「와터 근처의 더 큰 나무들」(2007)

미국 대륙을 동서로 가르는 미시시피 강이 테네시에 이르러
정말 큰 강이 된다. 이 강을 타고 광활한 애팔래치아 산맥의 나무가
운반되었다. 컨트리 뮤직의 고장이지 흑인 인권 운동이 촉발 된 곳.
체로키 인디언이 흘렸던 마지막 눈물, 엘비스 프레슬리가 다니던
침례교회 성가가 울려퍼지던 동네다.

테네시의
느린 왈츠

영화 〈철도원〉의 눈 쌓인 풍경과 OST로 깔렸던 「테네시 왈츠」
의 피아노 선율이 유난히 눈과 귀에 어른거리던 2013년 겨울, 패
티 페이지가 떠났다. 그가 떠나고 맞은 새해의 첫날, 나는 「테네
시 왈츠」를 옛 LP판으로 듣고 또 들었다. 흥겹지 않은 왈츠가 있
으니 바로 패티 페이지의 「테네시 왈츠」다.

테네시, 미국의 테네시 주는 나무를 말하며 빼놓을 수 없는 곳
이다. 북미 대륙 동부의 남북으로 걸쳐 있는 애틀랜타 산맥의 중
간쯤 테네시 주가 있다. 컨트리 뮤직의 고장, 로큰롤의 왕 엘비
스 프레슬리가 태어나서 자란 곳이며, 흑인 민권 운동이 촉발되

었고, 가장 비싼 미국 위스키 잭 다니엘을 생산하는 지역이다. 음악, 위스키 생산, 남부, 백인, 보수적 색채까지 테네시의 특성은 나무 목재 임업과 깊이 연관되어 있다.

19세기에 결성된 '미국활엽수목재조합NHLA National Hardwood Lumber Association'이 테네시 주의 멤피스에 있다. 세계에서 가장 오래된 활엽수 나무꾼들의 모임인 NHLA는 현재 활엽수 목재의 등급, 규격, 품질 검사, 교육을 통하여 전 세계 목재 품질 등급의 기준을 만든다. 활엽수는 잎이 넓어 활엽수라 부르는데 가을에는 단풍이 든다. 활엽수 단풍을 제대로 보려면 애팔래치아의 중심부인 테네시에서 봐야 한다. 북반구의 어디서나 만나는 참나무, 물푸레나무, 단풍나무, 벚나무, 느릅나무, 호두나무 그리고 열대우림 지역의 티크, 마호가니, 흑단나무, 로즈우드가 모두 활엽수다.

애팔래치아 테네시에서 가장 흔하기는 참나무다. 미국 동부는 그냥 참나무의 밭Oak land이다. 미국 주소에 오클랜드Oakland가 있으면 주의를 기울여 어딘지 확인해야 한다. 오클랜드란 지명이 곳곳에 있다. 미국 땅을 뛰어다니는 다람쥐가 그리 큰 이유는 아마 풍성한 참나무 때문일지도 모르겠다. 도토리는 떡갈나무, 졸참나무, 상수리나무, 신갈나무, 굴참나무 등 참나무의 열매다. 테네시와 애팔래치아 지역에서 흔한 활엽수는 단연 붉은 참나무. 영어로 아메리칸 레드 오크American Red Oak, 지구의 북반구에서 미국 대륙에만 자라는 참나무이다. 10월, 11월의 애팔래치아의 단풍은 나이아가라폭포 정도가 아니다. 끝없이 펼쳐지는 단풍은 설악산이나 교토처럼 새빨갛고 아기자기 하지 않지만 느리고 고요하게 대륙을 뒤덮는다.

유럽, 아시아 전역의 참나무는 대부분 무닛결이 치밀하고 하얀 편이나 미국의 붉은 참나무는 목리가 듬성듬성하고 색조가 살짝 어두워 아주 수수하게 보인다. 그렇지만 쓸 만한 자기 나라 참나무를 다 잘라 사용해버린 세계 각국에서 너나없이 미국 붉은 참나무를 수입하고 있다. 심지어 와인을 숙성시키는 오크 통도 미국 붉은 참나무로 대체되고 있다. 테네시에 있는 목재조합이 미국 참나무의 국외 수출을 중단해버리면 전 세계 와인 양조장에는 대란이 일어날지도 모른다. 목수들은 많은 활엽수 중에 미국산 붉은 참나무는 단단하지만 오히려 톱과 대패질이 편하다고 한다. 목수는 '칼이 잘 먹는' 나무를 당연히 좋아한다. 반면 단풍나무는 단단하지만 '질겨서' 톱질이 더디다.

테네시를 여행하면 이 지역이 세계 활엽수 목재의 수도가 된 것은 온전히 자연의 선물이라는 것이 또렷이 보인다. 멤피스에서 만나는 미시시피 강은 정말 강 같다. 한강, 낙동강에 익숙한 한국인들은 세계 어디의 강을 보아도 심드렁하지만 미국 대륙을 동서로 가르는 미시시피 강이 테네시에 이르러 정말 큰 강이 되는 장면에는 절로 머리가 끄덕여진다. 나는 애팔래치아의 산들을 나무의 밭이라고 부른다. 어디에도 우리나라 산 같은 가파른 산이 없고 야트막하다. 그러니 내 눈에는 애팔래치아 산맥이 그저 밭으로 보일 수밖에. 복 받은 땅 미국의 광대한 애팔래치아 밭에는 참나무, 물푸레나무, 느릅나무가 지천이다. 그러나 산에 아무리 좋은 나무가 있더라도 강이 없으면 무용지물이다. 나무를 옮길 방법이 없기 때문이다. 멤피스에는 미시시피 강가로 많은 제재소와 올망졸망 원목 하치장들이 있는데, 나무 운반에는 예부터 당연히 노 젓는 뱃사공을 동원했을 것이고 사연 많은 미시시피 강 레이디 소양강 처녀도 있었을 것이다. 강과 산이 있고 나무꾼이 모여 사는 동네의 산골 음악, 즉 컨트리 뮤직의 고향으로 알려진 내슈빌도 테네시의 주도이다. 테네시 사람들은 블루스도 테네시에서 시작되었다고 이야기한다. 인종주의자 단체 KKK도 테네시에서 처음 나왔고, 인권 운동가 마틴 루터 킹 목사가 극우 백인에게 총을 맞은 곳도 테네시다. 이렇게 드라마틱한 지역이니 블루스가 나왔을 법하지 않은가. 또 로큰롤의 제왕 엘비스 프레슬리도 멤피스 출신인 것을 보면 테네시는 미국 음악과 리듬의 중심지라고 불러도 되겠다.

그런데 미시시피 강을 따라 원목을 띄우고 나무를 자르던 근육질의 나무꾼들만 그 해의 마지막 벌목을 끝낸 후 춤추고 리듬을 만든 것이 아니다. 체로키 원주민의 한 맺힌 노랫가락도 테네시 음악에는 섞여 있다.

체로키 인디언의 말 중에 'Nunna daul isunyi^{우리가 울었던 길}', 그들에게 한 맺힌 길이 테네시에 있다. 19세기 초 미연방 육군이 테네시 동쪽 지역에 거주하는 체로키 인디언을 서쪽의 외지고 외진 아칸소로 밀어낼 때 수많은 체로키가 희생되었던 길, 피눈물을 흘렸던 길이다. 옛 친구가 내 애인을 가로챘다는 슬픈 사연이 담긴 「테네시 왈츠」에는 미시시피 강바람, 애팔래치아 산골짜기의 참나무, 체로키 인디언이 흘렸던 마지막 눈물, 목화밭의 흑인 리듬, 엘비스 프레슬리가 다니던 침례교회 성가들이 어우러져 있다.

그이와 테네시 왈츠에 맞추어 춤추고 있었지.

그러다 옛 친구를 만났고,

그녀에게 내 사랑하는 이를 소개했지요.

두 사람이 춤을 추었고, 내 옛 친구는 내 사랑을 가로챘네요.

나는 그 밤과 그날의 테네시 왈츠를 기억합니다.

이제 나는 얼마나 많은 것을 잃어버렸는지 알지요.

그 아름다운 테네시 왈츠.

또 테네시 주의 풍성한 산림은 미국 위스키 중의 톱 브랜드 잭 다니엘을 만들었다. 단풍나무 숯으로 한 방울 한 방울 여과하고 참나무 통에서 숙성시킨 잭 다니엘에는 테네시 위스키 검정 라벨이 선명하게 인쇄되어 있다. 잭 다니엘은 항상 새로 만든 참나무 통에서 위스키를 숙성한다. 참나무의 밭 테네시에서 참나무 통을 원없이 사용하는 양조 방법이다. 그러니 테네시의 잭 다니엘은 스카치나 아이리시 위스키와는 비교할 수 없을 만치 참나무 향이 강하다.

테네시 제재소 영감님은 처음 만난 극동에서 온 젊은이를 전쟁터에서 돌아온 친아들 대하듯 살펴주었다. 그는 나를 자신이 다니는 침례교회에 데리고 가 엘비스 프레슬리가 앉았던 성가대 자리를 가리켰다. 교인들은 줄지어 헌혈을 하고 있었고. 멤피스 엘비스 프레슬리 집의 긴 돌담에는 온통 낙서와 카드로 가득 차 있었던 것도 기억난다. 떠나기 전날, 한국에 대해 궁금해 하던 그는 한국에서 만든 참나무 무늬목 붙인 얇은 합판을 사겠다며 주문서를 발행했다. 활엽수의 본고장 테네시의 제재소에 얇디 얇은 참나무 베니어를 살짝 입힌 가공 합판을 팔러 갔으니 지금 생각해도 낯이 붉어진다. '안 되면 되게 하라', '근면 성실' 구호가 나라 구석구석에 붙어 있었고 일인당 소득이 막 1,000달러를 넘기던 시절, 어처구니없이 나무의 본고장 테네시에 목재 가공품을 팔겠다고 나섰던 출장도 추억이 되었다.

미시시피 강가의 제재소를 보여주던 토박이 테네시 럼버 맨Lumber man 카크라프트 영감도, 「테네시 왈츠」로 세계인의 심금을 두드렸던 패티 페이지도 이제 없다. 가수 패티 페이지의 부고가 뉴스로 알려진 날 밤, 친구들 몇이 「테네시 왈츠」를 부르며 그때를 반추했으니. 미시시피 강바람이 불며 테네시 나뭇잎은 넘실거렸으며 따뜻했던 침례교인들, 제재소 영감님이 어른거렸다.

못이 없던 시절에 집을 짓고 가구를 맞추고
배를 만드는 공정은 나무와 나무를 연결하는 일이었다.
목수는 연결하는 사람, 소통하고 이해하게 만드는,
평화를 만드는 이다.

목수를
부르는 이름

예수를 모두들 나사렛 출신 목수라고 한다. 그러나 성경 어디에도 예수가 목수였다거나 목수 일을 했다는 기록이 없다. 당시 사람들이 예수의 행동과 말에 "저이가 목수의 아들 아닌가?"라며 쑥덕거렸다는 언급만 있을 뿐이다. 아버지 요셉이 목수였다고 아들의 직업까지 목수라는 것은 예수에게 연좌제를 적용하는 것과 다르지 않다. 예수와 얽힌 목수 이야기에서 2,000년 전 유대 팔레스타인 땅에서 목수는 하찮은 직업이었음을 알 수 있다. 당시 예수 주변 사람들이 "목수 아들 주제에…"라고 수군거렸지 "목수 아들이 역시" 하지 않았으니까.

그런데 이 시대의 목수는 2,000년 전 유대인의 평가와 사뭇 다르다. 지금 사람들이 칭하는 목수 예수는 세상을 만든 하나님이다. 위대한 예수목수가 하늘과 땅, 인간을 창조건축했다고 한다.

예수 팬덤인가. 목수가 유행이다. 너도나도 목공 일에 나서는 현상과 더불어 간간이 목공 학교가 생긴다. 내촌목공소에 있으며 의아한 것은 의사, 건축가 등의 전문가들 또 대기업 회장님도 목공을 배우겠다며 찾아오는 일이다. 국내 디자이너는 물론이고 뉴욕 광고 회사의 디자이너, 파리의 건축가도 있다. 미술 혹은 건축 전공자, 현역 의료인, 전직 언론인 등 경력과 상관없이 나무 만지는 일에 로망을 가진 분이 이렇게 많은 줄 몰랐다.

목수는 나무를 자르고, 집을 짓고, 가구를 만드는 이들을 부르는 말이다. 우리나라에서는 집 짓는 목수는 대목大木, 가구 짜는 목수는 소목小木으로 구분했다. 도목수都木手라고 불리는 이는 집 짓기를 총괄하는 우두머리 목수다. 뛰어난 목공 기술뿐 아니라 공정 관리, 함께 일하는 동료와 어린 목수들을 다독이는 인사 관리에까지 능숙해야 도목수 노릇을 제대로 할 수 있다. 언제부터인가 문화재청에서 도목수 중에 특별한 기량과 경력을 가진 몇 분을 대목장大木匠으로 선정했다. 으뜸가는 목수로 국가가 인정했으니 평생 대패 마름질 한길에 인생을 걸어온 목수에게 영예로운 타이틀이다.

목재로 가장 뛰어난 전통 건축을 할 수 있는 우리 시대의 대목장. 그런데 유네스코 세계문화유산에도 등재한다는 인간문화재 으뜸 목수 몇 분이 거듭 스캔들을 만들었다. 보수한 지 반년이 채 되지 않은 숭례문 기둥이 갈라져버렸다. 일의 진행과 부실 시공 그리고 드러나는 과정이 2010년 광화문 현판 갈라질 때와 조금도 다르지 않으니 우리를 슬프게 한다.

대목장의 변명이 '광화문 스캔들' 때와 똑같다. 공무원 탓, 예산 부족 탓, 건조가 덜 된 목재 탓이다. 공무원과 예산까지는 우리가 알 수 없는 일이고 '건조가 제대로 되지 않은 목재'를 사용했다면 목수의 윤리 문제다. 숭례문 보수 작업에 참여한 목수 중에 접착제 아교를 끓이고 중탕으로 온도를 맞출 수 있는 이가 없었다는 보도에, 내심 오보이기를 바라기도 했다.

세계적인 건축가들 중에 목수 이력을 가진 이들이 더러 있다. *조지 나카시마와 안도 다다오는 불우한 시절에 목재를 만졌다. 조지 나카시마 가족은 루스벨트 정부의 태평양전쟁 시절에 일본국 출신이라는 이유로 격리 수용되는 인권 침해를 당했다. 미국 펜실베이니아 벽촌 뉴 호프에서 평생 활엽수 가구만 짜던 조지 나카시마는 MIT에서 건축을 공부했으나 일본계 미국인이라는 이유로 태평양전쟁 때는 강제 수용소 생활도 했다. 최고 학력의 건축가임에도 불구하고 그에게 건축을 의뢰한 미국인이 없었다. 하여 이 엘리트 목수는 살아가기 위해 원목 가구를 만들기 시작했으니 오늘날 'Soul of trees'라 불리는 조지 나카시마 가구다. 건축의 노벨상이라는 프리츠커상을 받은 스위스 건축가 페터 춤토르와 일본 건축가 안도 다다오도 목수 이력을 가지고 있다. 안도 다다오는 권투 선수로 첫 벌이를 시작해 동네의 카페 내장 공사 등 잡다한 일로 내공을 쌓았다. 스위스와 일본 출신 두 건축가의 작업을 보면 밀도와 디테일에서 젊은 시절 목수 솜씨가 여실히 나타난다. 건축의 노벨상이라는 프리츠커상이 아무에게나 갔을 리 없다.

영어로 목수를 부르는 말은 cabinetmaker, woodworker, carpenter, joiner 등 다양하다. 뉴욕 메츠 오페라 하우스에서는

---

* 조지 나카시마(1905~1990) : 시애틀 출생의 일본계 미국인으로 건축을 전공하고 가구 디자이너이자 목수로 일했다. 나무의 옹이, 터짐 등을 디자인으로 살려낸 작업했다.

무대 시설 목수를 super-carpenter라고 부르더라만 일상에서 carpenter는 거의 사용하지 않는 단어가 되었다. 언젠가 스위스에서 건축 가구 전시회를 둘러보는데, 고고하게 티롤 스타일^{고립}된 산골 지역 스타일 원목 가구를 보여주던 깊은 산골 출신이 분명한 그의 명함에 carpenter라고 쓰여 있어 미소를 지은 적이 있다. 과거 길드의 잔재로 보이는 목수 조합으로 미국과 캐나다에 United Brotherhood of Carpenters & Joiners라는 조직도 있다. 단체의 이름이 고즈넉하다. 대체로 목수를 이를 때 woodworker를 흔히 쓰고 cabinetmaker는 서랍장 그러니 가구를 만드는 사람, 우리 식으로는 소목이다. 건축가 페터 춤토르와 안도 다다오를 꼭 cabinetmaker였다고 소개하는 것을 보면 목수 경력 중에 가구 만드는 일만 했던 모양이다. joiner란 서로 다른 것을 붙이는 '사람'이나 '무엇'을 말한다. 못이 없던 시절에 집을 짓고 가구를 맞추고 배를 만드는 공정은 나무와 나무를 연결하는 일이었다. 짜맞춤, 결구, 연결하는 사람, joiner도 목수를 부르는 말이다.

영국 맨체스터에 있는 목재 가공 회사에 들렀을 때의 일이다. 그 회사의 대표는 사장실을 따로 두지 않고 개방된 널찍한 홀을 직원들과 함께 사용하고 있었다. 대표의 머리 뒤로 방문객인 내가 정면에서 읽을 수 있게 'A person who came from Nazareth seeks for joiner^{나사렛에서 오신 분이 목수를 구합니다}'라는 문구를 붙여놓았다. 세상은 목수^{joiner}를 찾고 있다. 목수는 연결하는 사람, 소통하고 이해하게 만드는, 평화를 만드는 이다.

나무를 ——— 헤아리며

아름다운 소설을 읽었다. 제목은 〈여름은 오래 그곳에 남아〉, 작가는 일본인 마쓰이에 마사시다. 글을 읽는 내내 쏴아~ 청량한 세례를 받는 듯했다. 이야기는 잔잔했고, 이른 아침 산책을 나선 듯 글에 흠씬 젖었다. 소설은 갈등도 반전도 위기도 없이 흘러간다. 등장인물은 시종 건축가들이다. 그런데 나무를 인용하고 설명한 대목이 그렇게 정확할 수가 없었다. 어느 장면에도 그냥 '나무'라 쓰며 넘기지 않았다. 나무의 성격까지 구체적으로 묘사하였다.

첫 장면을 나무 기둥, 숲속의 여름 별장으로 시작하더니 뜰의 계수나무, 원목 가구, 겹겹이 붙인 적층목, 현관문의 나무 손잡이, 가구 디자인, 단풍나무 원목 테이블, 벗나무 찻잔 받침…. 나무 이야기가 연을 잇는다. 건축가들을 통하여 펼치는 나무에 관한 지식, 목재 가공의 해박함. 소설에 언급된 나무와 목재의 주해서가 따로 있어도 될 정도였다.

건축 사무소의 여름 별장이 자리한 마을에서 이웃하고 있는 노소설가의 독서대를 수리하며 "도서관의 스터디용은 졸참나무로 만들어서 밤나무 소재하고 비교해보지"라고 한다. 노소설가의 독서대는 밤나무이며 국립 도서관의 독서대는 졸참나무다.

밤나무는 아주 단단한 나무다. 갈색을 띠고 무게감이 그대로 전달되는 나무다. 특별히 벌레 먹은 자국과 흔적이 많은데, 이것 또한 밤나무 무늿결의 매력이다. 소설 속 건축가도 이 점을 알고 있었다. 나무에 벌레가 스친 흔적이 있다면 하등급으로 분류될 것이나 밤나무는 예외다. 벌레 구멍이나 흔적이 밤나무의 고유한 특징이며 이것이 오히려 자연스럽다. 게다가 세월의 때가 묻으면 반지르르 윤기가 흐른다. 그러니 독서대 목재로 밤나무를 쓴 것은 탁월하다. 독서대 소재로 졸참나무도 적절하다. 밤나무가 더 좋겠지만 밤나무 재목은 구하기가 쉽지 않으니 국립 도서관같이 대량으로 독서대가 필요한 공간에는 졸참나무가 적당하다. 일본 열도의 참나무 중에서 가장 흔한 것이 졸참나무이다.

　현대의 건축가들은 이 소설의 건축가와 달리 목재를 이해하지 못한다. 콘크리트, 유리, 철의 건축에서 나무는 초라한 변방의 주제가 된 지 오래다. 가공된 목재의 가로, 세로, 두께는 계절과 온도, 습도에 따라 변하고, 비중이 같은 나무는 한 토막도 존재하지 않는다. 나무는 예민하고 어려운 재료다. 규모, 속도, 계량화에서 목재는 현대 건축가의 엄격한 요구를 충족시키지 못하는 재료다. 그래서인지 목재를 적절히 사용하는 지식과 지혜를 정리한 책을 만나기도 어렵다.

　목재업의 역사가 유구한 미국, 독일, 스위스의 상황도 그러하다. 그런데 영국 런던에서 만난 아일랜드 시골 출신의 목수나 독일의 마루판 시공자는 학력이 변변치 않아도, 온 세상의 나무를 섭렵해보지 않았어도 지식과 상식을 지녔다. 컴퓨터에서 획득한 데이터를 모르고, 학술 논문과 거리가 멀어도 사회에 축적되어 면면히 내려오는 지식을 가지고 있는 보통 사람들. 성숙한 사회가 부러운 것은 시민들이 "세상의 사물 이치에 대하여 드러나지 않는 지식, 상식, 교양을 가지고 있다"는 점이다.

문화재의 갈라진 현판을 보면서, 무조건 우리 소나무가 최고라고 믿는 도목수의 말을 들으며, 또 목공예를 하는 젊은이가 오동나무는 싸구려 목재라고 하는 인터뷰를 기억하며 이 글을 썼다. 목재를 살피며 나무를 보았고 사람과 역사와 문화를 보았다.

나무를 헤아리며 살아온 나의 이야기가 우리 목수, 건축가, 디자이너들이 나무를 보는 시각에 조금이라도 도움이 되기를, 또 누구든 나무를 살피고 누리는 계기가 되기를 바란다.

책의 시작은 '김민식의 나무 노트'. 월간지 〈헬렌〉의 연재 칼럼
이었다. 목공소에서 나무 이야기를 하던 사람을 김세진 편집장과
이나래 기자가 불러냈다. 나무의 시간 단초를 함께했던 최석보
형님을 비롯한 선배, 동료들은 이 책의 공동 저자이다. 이제는 별
이 되신 이재석 어른, 테네시의 로버트 카크라프트 영감님, 알바
알토의 스케치를 직접 복사해 주던 헬싱키의 엘리사 알토의 미소
는 늘 저 앞에 있다. 세상의 나무에 시선이 머물러 있는 동안 집
과 목공소 살림을 맡아온 처 고인숙은 이 이야기의 반을 가지기
에 넉넉하다.

금년 내촌목공소에서 '영국의 모빌 하우스'와 같은 사이즈의
'내촌 셀Naechon Cell'을 만든다. 영국의 모빌 하우스는 철재, 콘크리
트 구조이나 내촌 셀은 목재 구조. 내촌 셀은 서울, 경기도, 제
주도 상관없이 어디든 운송만 하면 된다. 영국에도 미국에도 갈

것이다. 영국, 덴마크에서 제조한 최고 등급의 모빌 하우스도 내
촌목공소의 것과 비교하면 턱없이 모자란다. 합판을 팔러 갔던
미국 땅에서 영국 모빌 하우스를 만난 지 꼭 38년의 세월이다.

내촌목공소 김민식의 나무 인문학

나무의 시 —— 간

초판 1쇄 발행 2019년 4월 5일
초판 13쇄 발행 2023년 5월 10일

지은이 김민식

펴낸곳 브레드
책임 편집 이나래
편집 박지혜
교정·교열 신정진
디자인 땡큐마더
마케팅 김태정
인쇄 (주)상지사 P&B

출판 신고 2017년 6월 8일 제2017-000113호
주소 서울시 서초구 서초중앙로 29길 28
전화 02-6242-9516 | **팩스** 02-6280-9517 | **이메일** breadbook.info@gmail.com

ISBN 979-11-964041-2-3 03190